中京大学経済学研究叢書第26輯

国民健康保険財政の経済分析

湯田道生 著

は　し　が　き

　本書は，筆者がこれまでに分析を行ってきた国民健康保険財政に関する4つの論文を取りまとめたものである．手元に残されている記録をたどってみると，本書に収載されている国民健康保険財政に関する一連の研究計画案は，2004年に日本学術振興会に提出した特別研究員（DC2）の応募用紙にまでさかのぼることができるようである．大学院生であった当時の筆者の目には，ごく一部の研究グループに属する研究者のみが膨大な情報量を有するミクロデータを使った計量経済分析を行うことができたという印象を持っていた．中には，家計経済研究所の『消費生活に関するパネル調査』や東京大学社会科学研究所のSSJデータアーカイブを通して利用できるいくつかのミクロデータのように，指導教員の推薦状があれば大学院生でも利用できるものも存在したが，自身の研究のために使えるデータの絶対数はきわめて少なかったように記憶している．そうした状況の中で，何の制限なくアクセスできる経済主体別（保険者別）のデータの存在を知った際には，大きな衝撃と興奮を感じたことを今でも鮮明に覚えている．

　本書に収載されている研究を進めている間に，わが国の医療保険制度やそれを取り巻く環境は劇的に変化した．未曾有の少子高齢化社会の進展，人口減少社会への突入，平成の大合併による国保保険者の統合，医科診療報酬のマイナス・ゼロ改定，介護保険制度の普及に伴う医療と介護の連携，協会けんぽの都道府県別再編，後期高齢者医療制度の導入，特定健診・特定健康指導制度の導入，そして国民健康保険制度の都道府県統合計画などである．本書に収載されている論文の政策的含意が，こ

れらの政策評価・制度変更に与えた影響は残念ながらほとんどないと思われるが，当時から，たとえ日の目を見ずとも，同時期に発表された多くの医療経済研究とともに「根拠に基づく健康政策（Evidence-Based Health Policy）」に資する政策的含意を提供しようとまとめてきたつもりである．

なお，本書に収載されている一連の研究は，筆者が研究代表者を務めた

- 日本学術振興会特別研究員奨励費（DC2）（2005〜2006年度，課題番号：05J10149）
- 科学研究費補助金（若手研究スタートアップ）（2007〜2008年度，課題番号：19830087）
- 科学研究費補助金（若手研究B）（2009〜2012年度，課題番号：21730208）
- 科学研究費補助金（若手研究B）（2014〜2017年度，課題番号：26780180）

および筆者が連携研究者・研究分担者（研究代表者の所属は当時のもの）として参加した以下の研究プロジェクト

- 科学研究費補助金（基盤研究B）（2008〜2010年度，課題番号：20330062，研究代表者：岩本康志（東京大学大学院経済学研究科））
- 厚生労働省科学研究費補助金（政策推進事業）（2010〜2012年度，課題番号：H22—政策—一般—018，研究代表者：金子能宏（国立社会保障・人口問題研究所））

からの研究助成を受けている．貴重な研究機会を与えてくださった文部科学省と日本学術振興会，そして岩本康志教授と金子能宏教授には，心からお礼を申し上げたい．

また，本書に収載されている各論文の旧稿に対して，金子能宏，河口洋行，小林毅，林正義，古川章好，古川雄一，増田淳矢，吉田あつし（故人）の各氏および八事セミナー（中京大学）と 2009 年度日本経済学会秋季大会の参加者，『医療経済研究』・*Journal of Asian Economics*・*Journal of Economics and Public Finance* のエディターおよび匿名のレフェリーからは，それぞれの論文の改善に大変役立つ貴重なコメントを頂戴した．また，名古屋市健康福祉局生活福祉部保険年金課および江南市健康福祉部保険年金課の国民健康保険担当の職員の方々には，多忙な中にもかかわらず，筆者のヒアリングに丁寧に対応していただいた．ここに記して感謝の意を表したい．加えて，本書の執筆機会を与えてくださった中京大学経済学部のスタッフおよび掲載論文の本書への転載を快諾していただいた医療経済研究機構，Elsevier 社，Scholink 社にも，深く感謝を申し上げたい．最後に，出版・編集プロセスにおいて，多大なるお力添えをいただいた勁草書房編集部の関戸詳子氏にも感謝を申し上げたい．

　2018 年 1 月

中京大学経済学部　准教授
湯田　道生

目　　次

　　はしがき　　i

序　章　国民健康保険財政の概要 ……………………………………… 1
　　0.1　公的医療保険制度と国民健康保険財政の概要　　1
　　0.2　本書の構成　　5

第1章　国民健康保険における被保険者の最小効率規模 ……… 9
　　1.1　はじめに　　9
　　1.2　データと分析方法　　13
　　1.3　拡張モデルでの分析　　25
　　1.4　考察　　30
　　1.5　おわりに　　34

第2章　国民健康保険財政と最小効率規模 ………………………… 39
　　2.1　はじめに　　39
　　2.2　データと分析方法　　42
　　2.3　推定結果　　54
　　2.4　考察　　60
　　2.5　おわりに　　63

第3章　国民健康保険制度における非効率性の検証
　　　　――確率フロンティアモデルによるアプローチ ………… 69
　　3.1　はじめに　69
　　3.2　推定戦略　74
　　3.3　実証モデルとデータ　78
　　3.4　推定結果　85
　　3.5　おわりに　91

第4章　構造的要因および地域特性と国民健康保険財政の
　　　　非効率性 ……………………………………………………… 99
　　4.1　はじめに　99
　　4.2　分析のフレームワーク　102
　　4.3　データと記述統計　109
　　4.4　推定結果　113
　　4.5　おわりに　119

　参考文献　127
　付録　133

序　章
国民健康保険財政の概要

　本章では，まず日本の公的医療保険制度の概要を示した上で，その中の一つで，本書の分析対象である国民健康保険制度の財政の仕組みについてまとめる．後半では，各章の概要を簡単に紹介する．

0.1　公的医療保険制度と国民健康保険財政の概要[1)]

　日本の皆保険制度は社会保険制度で運営されているが，同様の仕組みで公的医療保険を運営しているドイツ，フランス，オランダなどとは異なった特性がある．これらの欧州諸国では，医療費の大半は社会保険会計（social insurance account）を通して決済されるが，日本では48.8％しか社会保険会計（社会保険料）で賄われていない．残りの財源構成は，公費が38.9％（国庫が25.7％，地方負担が13.2％），その他が12.3％（うち患者による自己負担は11.6％）である（厚生労働省，2017a）．つまり，日本の医療保険制度は，イギリス・オーストリア・デンマークなどで採用されている税方式と社会保険方式の折衷方式で実質的に運営されている．この他には，アメリカのように民間保険を主体とする国もあるが，日本ではそのシェアは相対的に低い（河口，2012）．
　歴史的な経緯から，日本の公的医療保険制度は3区分に分けることができる．具体的には，被用者・船員・公務員等とその家族を対象と

した健康保険，75 歳以上の高齢者を対象とした後期高齢者医療制度，そして主として市町村が運営し，その 2 種の保険対象者に該当しない人々が加入している国民健康保険制度である．2015 年 3 月末時点で，3422 保険者が存在し，その内訳は健康保険が 1495，国民健康保険が 1880，後期高齢者医療保険が 47 である．加入者は医療機関を自由に選択することができ（フリーアクセス），低負担で良質な医療を受けることができる．原則として，自己負担率は 75 歳以上が 10％，就学前児童が 20％，その他の加入者は 30％ である．

本書の分析対象である国民健康保険制度は，1938 年に施行された公的医療保険制度の一つであり，1961 年の国民健康保険法の改正に伴い，現在の国民皆保険制度を築く基礎となった．国民健康保険制度は，市町村が運営・管理を行う国民健康保険と，業種ごとの組合員とその扶養家族による組合を単位とした国民健康保険組合からなる．本書における国民健康保険の保険者は，特別な断りがない限りは，前者の市町村が保険者となっている国民健康保険事業を示す．

市町村の国民健康保険事業は，国民健康保険特別会計（国保特会）を設けて経理されている．国保特会の収入における二大財源は，被保険者に課せられる保険料（保険税）[2]と中央政府から交付される国庫支出金である．この他に，被用者保険よりも加入者が多い前期高齢者の医療費を補助する前期高齢者交付金や，都道府県支出金，市町村の一般会計からの繰入金および高額医療費に対する再保険による共同事業交付金などがある．一方で，費用に関しては，保険給付などに必要な経費（保険給付費）や事業の運営に必要な総務費，高齢者医療制度への拠出金，保健事業に要する費用，医療保険料と同時に徴収された介護保険料の振替分が計上されている．表 0-1 は，2014 年度における市町村国保の財政状況

0.1 公的医療保険制度と国民健康保険財政の概要

表 0-1 市町村国保の財政状況 (2014-15 年度)

収入	億円		支出	億円	
単年度収入	2014 年度	2015 年度	単年度支出	2014 年度	2015 年度
保険料／保険税	30,571	29,506	総務費	1,856	1,856
国庫支出金	33,595	34,509	保険給付費	93,585	95,540
療養給付費交付金	6,139	4,433	後期高齢者支援金	18,098	17,868
前期高齢者交付金	33,550	34,800	前期高齢者納付金	14	12
都道府県支出金	11,239	11,742	老人保健拠出金	1	1
一般会計繰入金（法定分）	4,516	4,957	介護納付金	7,725	6,894
一般会計繰入金（法定外）	3,783	3,856	保健事業費	1,089	1,129
共同事業交付金	15,993	35,557	共同事業拠出金	15,978	35,543
直診勘定繰入金	1	2	直診勘定繰出金	72	72
その他	461	487	その他	1,642	1,499
小計	139,846	159,848	小計	140,060	160,415
基金繰入（取崩）金	687	705	基金積立金	455	432
（前年度からの）繰越金	3,320	3,113	前年度繰上充用（欠損補塡）金	932	936
市町村債	3	11	公債費	19	19
合計（収入総額）	143,857	163,676	合計（支出総額）	141,467	161,802

注：厚生労働省（2017b）より筆者作成．2014 年度は実績値，2015 年度は見込である．その他の詳細な説明は，同資料を参照のこと．

を示したものである（厚生労働省，2017b）．

　総額の合計を比較すると，事業全体としては 2390 億円の黒字となっているが，単年度収支では 214 億円の赤字となっており，財政運営の厳しさがうかがえる．単年度収支の推移を見てみると，こうした財政状況は必ずしも慢性的であったわけではなく，2008 年度以降に急激に悪化した様子が見受けられる（表 0-2）．2008 年度は，後期高齢者医療制度が施行された年であるので，この変化は，他の被用者保険と同様に，後期高齢者への拠出金が，国保財政にとって重い負担となっている可能性があるかもしれない．

　本書の分析で指摘されるように，収入の項目の一つである法定外の

表 0-2 市町村国保の年度別収支状況

年度	収入決算額	支出決算額	収支差引額	黒字保険者		赤字保険者	
				保険者数	剰余金	保険者数	不足額
1994	70,962	68,384	2,577	3,187	3,030	64	453
1995	73,650	71,166	2,484	3,170	2,940	79	456
1996	76,665	74,438	2,227	3,161	2,779	88	553
1997	78,366	75,430	2,936	3,179	3,418	70	482
1998	81,170	78,981	2,189	3,151	2,870	98	682
1999	86,368	84,041	2,328	3,146	3,036	99	708
2000	91,130	88,290	2,839	3,154	3,551	88	712
2001	96,369	93,710	2,659	3,142	3,472	93	813
2002	95,722	93,737	1,985	3,103	2,974	121	989
2003	104,727	103,271	1,455	2,995	2,631	149	1,175
2004	108,627	106,989	1,638	2,391	2,810	140	1,172
2005	113,541	112,222	1,320	1,699	2,600	136	1,280
2006	120,970	119,601	1,369	1,667	2,780	151	1,411
2007	131,168	130,746	422	1,612	2,129	192	1,707
2008	124,589	124,496	93	976	1,117	812	1,024
2009	125,993	125,927	66	910	1,175	978	1,109
2010	128,019	127,726	293	820	1,238	903	946
2011	133,832	132,812	1,020	918	1,617	799	596
2012	137,762	137,188	574	898	1,202	819	628
2013	139,521	139,315	206	812	965	905	759
2014	139,846	140,060	−214	748	654	968	868
2015	159,848	160,415	−568	720	559	996	1,127

出典：社会保険出版社『運営協議会委員のための国民健康保険必携 2017』
注：金額の単位は億円．端数の調整により合計が一致しないケースがある．2014年度までは実績値．2015年度は見込である．

一般会計繰入金のほとんどは，国保特会の決算補塡を目的とするものである．この金額（2966億円）と繰上充当金の対前年度差額分（3億円）を差し引き，国庫支出金の調整額を加えると，実質的な単年度収支は2966億円の赤字となっている（厚生労働省，2017b）．

以前より，泉田（2003a）や厚生労働省保険局国民健康保険課（2006）および本書の各所において指摘されているように，国民健康保健制度における様々な問題が，このような巨額の実質的な単年度赤字を生み出し

ている．こうした問題への対応として，現行の市町村が保険者を担う制度は，2018年度より都道府県単位に再編される予定である．都道府県への大掛かりな再編は，これまでの諸問題の改善に幾分か貢献することが期待できるが，それでもなお，都道府県内の保険料格差の問題，財政責任の所在，住人へのきめ細やかな医療・保健ニーズへの対応など，新たに検討すべきことも山積している．国民健康保健制度を基礎とする国民皆保険を維持していくためには，現行制度の維持だけでなく，将来の人口構造や環境の変化にも対応可能な制度設計やその構築が必要不可欠である．ただし，そのような具体的な対応をとる前に，まずは現行制度の何がどのような影響をもたらしているのかを，科学的に厳密な手法によって明らかにすることがきわめて重要である．本書に収載されている4本の論文は，そのような問題意識から取り組まれたものである．

0.2 本書の構成

　本書は，国民健康保険の保険者規模と財政状況に焦点を当てた1・2章の分析（前半）と，国民健康保険財政そのものの効率性に焦点を当てた3・4章の分析（後半）に大別される．前半と後半の大きな共通点は，厚生労働省の『国民健康保険事業年報』を主なデータとして用いている点である．以下では，各章の内容を簡単に紹介しておきたい．

　1章「国民健康保険における被保険者の最小効率規模」では，平成の大合併に伴う国保保険者の統合前における国保運営費の平均費用が最小になる最小効率規模と統合後の実際の被保険者規模を比較している．簡単なシミュレーション分析の結果，平成の大合併後も，約67%の保険者が2000年度時点の最小効率規模以下の被保険者規模のままであった

ことが分かった．詳しくみると，市区では約9割，町村では約6割の保険者の規模がこれに該当する．加えて，この最小効率規模と2005年度末時点の二次医療圏および都道府県の被保険者総数とを比較すると，被保険者数が最小効率規模に満たない保険者は，前者では全市区町村の約4%，後者では皆無であった．

2章「国民健康保険財政と最小効率規模」では，1章の分析のフレームワークを用いながら，対象を国保財政全体に拡張した分析が行われている．推定結果から計算される最小効率規模と2005年度末時点の被保険者数を保険者ごとに比較した結果，約86%の市区保険者と約6割の町村保険者が，最小効率規模以下の被保険者規模にとどまっていることが分かった．加えて，この最小効率規模と2005年度末時点の二次医療圏および都道府県の被保険者総数とを比較すると，これに該当する保険者は，前者では約36%の市区保険者と約0.1%の町村保険者が依然として存在する一方で，後者では皆無であったことが分かった．これらの結果は，国民健康保険を都道府県へと統合・再編することは，保険者規模の問題を解決するのに十分なものであることを示しているといえる．

3章「国民健康保険制度における非効率性の検証：確率フロンティアモデルによるアプローチ」では，保険者レベルのパネルデータとこの研究課題に関する先行研究の致命的な分析上の問題を克服する経済モデルを使って，国保保険者の費用非効率性をより精確に推定している．その結果，加入者の高齢化，政府からの補助金交付によるソフトな予算制約問題，高齢者医療制度への拠出金の増加，そして高い医療供給密度が費用効率性を阻害していることが分かった．特に，高齢者医療への拠出金は国保財政の効率性を著しく損なわせていることが分かった．さらに，2010年の非効率性は2005年に比べて14.3～17.2%ポイントほど改善

していることも分かった．また，費用非効率性と技術非効率性の相関はほとんどないが，費用非効率性と配分非効率性の相関はきわめて高いことが分かった．

4 章「構造的要因および地域特性と国民健康保険財政の非効率性」も，3 章と同様に国保保険者が現在直面しているこれらの構造的または地域的な要因が国保財政にどのような影響を与えているのかを，費用効率性の観点から検証しているものである．4 章の分析では，3 章の分析方法で考慮できなかった課題を，包絡分析法と回帰分析によるアプローチを用いることで克服している．その結果，多くの国保保険者が深刻な財政の非効率性を抱えていることや，費用効率性は配分効率性と強い正の相関関係にあることが，推定された効率性スコアから分かった．加えて，2008 年度に導入された高齢者医療制度が国保財政の改善に大きく寄与していること，都道府県からの補助金は効率性の改善に寄与しているが，中央・市町村政府からの補助金は効率性に悪影響をもたらしていること，そして Yuda（2016）と同様に，本分析においても，高齢者医療制度への拠出金が国保財政に深刻な影響を与えていることが確認された．

注
1) 本小節は，Yuda（2016）の Appendix A および『運営協議会委員のための国民健康保険必携 2017』（社会保険出版社）に依拠している．また，湯田・岩本・鈴木・両角（2012）の解説も有用である．
2) 自治体による保険料と保険税の選択については，西川（2006）が詳細な分析を行っている．

第 1 章
国民健康保険における被保険者の最小効率規模

1.1　はじめに

　国民健康保険制度は，農林水産業や自営業者，および高齢者のための制度として発足した公的医療保険制度であるが，近年では，加入者の高齢化，低所得者の増加，小規模保険者の増加，保険料収納率の低下，医療費と保険料の地域格差等といった構造的な問題を抱えている．厚生労働省保険局国民健康保険課（2006）によれば，そうした要因等によって，2003 年度には 72.8% もの保険者が赤字を計上しており，その財政状況は，きわめて深刻な状況にあるといえる．このような国保財政の危機的な状況は，すでに 90 年代から経済学系の学界において予測・指摘されており，様々な提言が行われてきた（小椋・入船，1990；林，1995；岩本他，1997；山田，1998；田近・油井，1999；鈴木，2001；岸田，2002；泉田，2003a，2003b；西川，2006；Yoshida and Kawamura, 2008）．しかしながら，この問題の重要性に比べて，国保制度全般に関する経済学的な研究は十分に蓄積されているとは言い難い．

　本章では，国保制度に関する経済学的な研究の一環として，上述のような国保が抱える構造的な問題のうち，保険者規模の問題に焦点をあてている．国保制度は，原則として市区町村といった比較的小規模な単位で運営されており，図 1-1 が示すように，2000 年度末時点では，被保

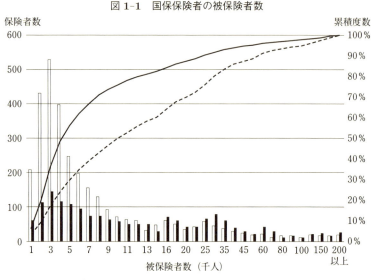

図1-1 国保保険者の被保険者数

注:『平成12年度 国民健康保険事業年報』および『平成17年度 国民健康保険事業年報』より筆者作成.

険者数(老健給付対象者を含む)が3000人未満の小規模保険者は全体の36.1%を占めている.小規模保険者は,保険者機能が十分に発揮できないことや,経済環境の悪化や高額医療費の発生等の様々なショックに対するリスク分散機能が不十分であることなどから,保険事業運営そのものが不安定になるという問題が指摘されている.このような構造的な課題を克服するために,(原論文の執筆時点において)保険者を都道府県レベルに再編・統合するという議論が現在の医療保険制度改革における重要な政策課題の一つになっている.

しかしながら,この改革案は,「医療サービスは,概ね都道府県内で提供されている実態を反映している」ことや,「各都道府県において,医療計画が策定されている」といった実態を理由として提案されたもの

であり（例えば，厚生労働省，2007），必ずしも科学的な根拠を有しているわけではない．特に2000年代の平成の大合併による大規模な市町村合併に伴って，市区町村国保もある程度（強制的に）統合された．具体的には，図1-1が示すように，平成の大合併がほとんど終了している2005年度末においては，先にみた小規模保険者の割合は17.5%までに減少している．このことを踏まえると，合併後の規模によっては，統合を必要としない保険者も存在するかもしれないし，都道府県レベルに統合しなくとも，例えば二次医療圏のようなやや広域なレベルでの統合で十分な保険者も存在するかもしれない．また，人口構成や財政力，および医療資源が異なる市区と町村，大都市と地方都市等では，統合や再編の必要性は異なるかもしれない．一方で，再編や統合によって，新たに別な問題が発生する可能性もある．例えば，都道府県内においても，医療資源等の地域格差は存在するため，保険者の規模が過大になりすぎると，地域内（都道府県内の各市区町村）のニーズにあった保健・医療政策が実施できなくなる保険者が現れるかもしれない．また，現行制度の保険料（税）の算定方式を踏まえれば，高齢者が多い市区町村と統合した場合，統合前に比べて保険料を増額させる保険者も現れるかもしれない．

以上のような背景を踏まえて，本章では，国保運営費の平均費用が最小になる被保険者の規模，すなわち最小効率規模（Minimum Efficient Scale, MES）を推計している．この分析は，これまで実態ベースでしか議論されてこなかった国保の統合・再編問題に対して，科学的な根拠を提供するものと位置づけられる．なお，本章における「国保運営費」とは，国保特会の支出項目の中で，保険者がコントロール可能であると思われる「総務費」，「審査支払手数料」，「共同事業拠出金」，「保険事業

費」,「直診勘定繰出金」の合計額である.

　本章の研究課題に関する先行研究には,保険者の規模と事務費（総務費）の関係を分析している山田（1998）,岸田（2002）および泉田（2003b）があり,いずれの研究でも国保の事務費には規模の経済が働くことを確認している.つまり,市区町村国保を再編・統合することによって,一人当たり事務費が逓減するため,その財政効果が存在することを確認している[1].しかしながら,保険者がコントロールできる費用は,こうした総務費の他にも,上述した審査支払手数料や保険事業費,直診勘定繰出金等の費用も存在する.したがって,保険者の再編・統合による財政効果を検証するためには,総務費だけではなく,保険者がコントロールできる運営費用全体に焦点を当てるべきであると考えられる.

　加えて,上記の先行研究は,いくつかの分析上の問題を抱えている.第一の問題は,費用関数の推定に必要不可欠である要素価格や生産物の変数が欠如しているという点である.つまり,いくつかの先行研究における推定式は,経済学的な意味付けを持たないものにもかかわらずその分析結果に,経済学的な解釈をあてはめており,これはいうまでもなく大きな誤解を招く恐れがある.第二の問題は,人件費の定義である.これらの研究では,費用関数の推定に必要な要素価格である人件費の代理変数に,公務員の一人当たり給与を用いている.しかしながら,後に述べるように,この変数は人件費の適切な代理変数であるとはいえない可能性があるため,これが要素価格として適切であるかどうかについては,議論の余地がある[2].第三の問題は,例えば越境受診等の都道府県内の観察されない要因がコントロールされていない点である.上記の先行研究では,推定式に都道府県ダミーが含まれているため,都道府県間の異質性はコントロールされているが,都道府県内の観察されない要因に

ついては考慮されていない．例えば医療法では，一般的な医療が完結するように二次医療圏が設定されているため，観察不可能な要因も含む二次医療圏内の保険者間の諸要因は相関する可能性が高く，それによって推定値にバイアスが発生しているかもしれない．もしバイアスが含まれていれば，推定結果から得られる結論や政策的含意も疑わしいものとなってしまうため，こうしたバイアスを可能な限り除去して分析を行うことは，非常に重要であると考えられる．第四の問題は，被保険者数が，単独で説明変数に採用されている点である．この問題に関する詳細な議論は3.1節で行うが，被保険者の規模の議論を行う際には，市区町村属性との関係がきわめて重要であり，これを無視すると，誤った解釈を行う可能性が高い．

本章の構成は以下の通りである．次節では，本章の実証分析に用いるデータの説明と，分析方法および基本的な計量モデルについて解説する．3節では，基本的なモデルでの分析の問題点を指摘し，それを解決するための拡張モデルの提示と，その分析結果を示す．4節では，まず，平成の大合併による保険者の統合の効果を簡単に検証し，その後に，統合の規模を二次医療圏および都道府県とした場合についても簡単に検証する．5節では，本章の結論をまとめる．

1.2 データと分析方法

1.2.1 データと分析方法

本章の分析で用いる主なデータは，厚生労働省の『平成12年度 国民健康保険事業年報』に収載されている保険者別データである．この統計は，厚生労働省が全国の国保保険者の事業運営実績を把握して，制度

図 1-2 一人当たり運営費と被保険者数の散布図

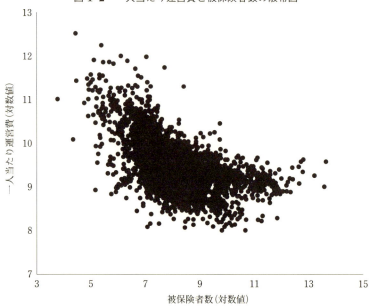

注:『平成12年度 国民健康保険事業年報』より筆者作成.

の改善や予算の編成および国庫補助金の交付などといった制度の健全な運営のため広く活用するための基礎資料を得ることを目的としているものである.

さっそく,被保険者一人当たりの運営費と,被保険者数の散布図を見てみると,図1-2のように,右下がりの関係が観察される.つまり,国保の運営費には,規模の経済性が存在していることが予想される.これは,国保保険者の統合や再編を行うことによって,一人当たりの運営費用は削減できる可能性があることを示唆している.

分析方法は,はじめに計量分析に用いる単純な費用関数を定義した後に,上述のデータ等を用いて,その費用関数を推定する.次に,そ

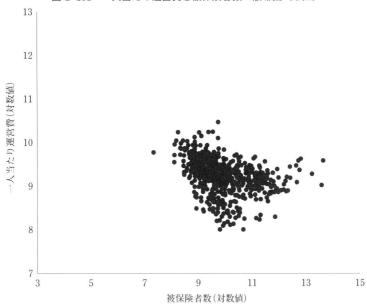

図 1-3A 一人当たり運営費と被保険者数の散布図(市区)

注:『平成12年度 国民健康保険事業年報』より筆者作成.

の推定値を用いて,各保険者の2000年度末時点のMESを推計する.その後に,推計されたMESと,平成の大合併がほとんど終了している2005年度末時点の各市区町村国保の被保険者数とを比較して,平成の大合併による被保険者規模の拡大効果を検証する[4].

ただし,上述のように,市区と町村では,人口構成や財政力および医療資源に差があるため,それぞれのMESは異なることが予想される.実際に,サンプルを市区と町村を分けた散布図(図1-3A,1-3B)を見てみると,その形状がサンプルで異なっていたり,それぞれの規模の範囲も異なっていることが確認できる.このことは,保険者の統合による財政効果は,都市規模によって異なる可能性があることを示唆してい

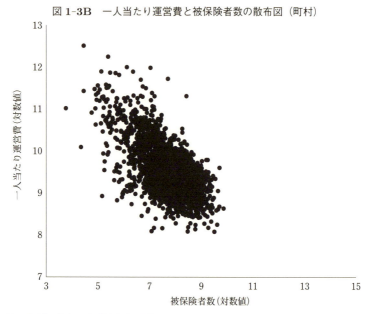

図 1-3B 一人当たり運営費と被保険者数の散布図（町村）

注：『平成12年度 国民健康保険事業年報』より筆者作成．

る．そこで本章では，市区サンプルと町村サンプル別にも分析を試みている．

なお，林（2002）が詳細に検討しているように，MES は「平均費用が最小になる規模」であり，それは，必ずしも「最適性（Optimality）」を意味するものではない点には注意が必要である．具体的には，非常に特殊なケースを除いて，MES と最適規模が等しくなることはなく，これを混同すると，本章の結果をミスリードしてしまうので，この点には細心の注意が必要である．

1.2.2 基本モデル

本章で推定する具体的な費用関数は，以下の対数線形モデルである．

1.2 データと分析方法

$$\ln c_i = \alpha_0 + \alpha_1 \ln y_i + \alpha_2 \ln w_i^j + \alpha_3 \ln z_{1,i} + \alpha_4 \ln z_{2,i}$$
$$+ \alpha_5 \ln n_i + \alpha_6 (\ln n_i)^2 + \sum_j \beta_j x_{ij} + \sum_k \gamma_k local_{ik} + u_i$$

(1)

ただし，$j = \mathrm{A, B, C, D}$.

ただし，c_i は保険者 i の被保険者一人当たり運営費，y_i は医療保険の直接生産物である．医療保険には，加入者管理（保険料の徴収・賦課および高額療養費の支給等），リスク分散機能（保険給付の提供等）および保険事業の実施等といった多面的なアウトプットが存在する．このうち，加入者管理やリスク分散機能は，被保険者に「安心」という事前の便益（期待効用）を与えるが，保険事業の実施は被保険者の疾病の予防や健康増進に寄与するものである．このような異なる複数の機能を一つの変数（y）に集約することは，概念的にも理論的にも無理があると思われる．そこで本章では，医療保険が被保険者の健康増進に寄与しているという点に注目して[5]，この代理変数に各市区町村の平均余命を用いている[6][7]．

w_i^j は要素価格であり，その代理変数として，保険者 i の国保担当職員一人当たりの人件費を用いる．先行研究では，公務員の一人当たり給与が人件費の代理変数として用いられているが，国保担当職員の人件費の主な計上方法は，(1) 専任・兼任職員の給与は，全て国保特会（総務費）から支出，(2) 専任職員の給与は国保特会（総務費）から支出されるが，兼任職員の給与は市町村の一般会計から支出，(3) 全て，市町村の一般会計から支出，という3種類に大別できる．こうした現状を踏まえると，公務員の一人当たり給与を人件費の適切な代理変数とす

ることには,測定誤差によるバイアスを生じさせる可能性があるため問題がある.なお,多くの保険者では,総務費に含まれるこれらの人件費を,市町村からの繰入金(「職員給与費等」)によって賄っているため,本章では,「職員給与費等」の金額を事務職員数で除したものを人件費の主な代理変数として採用する[8].しかしながら,どの方式を実際に選択するのかは,それぞれの保険者の裁量に委ねられており,データ上,これらを全て正確に識別することは不可能である.そこで本章では,人件費を4種類定義して,それぞれを用いて計量分析を行っている.つまり,要素価格 w の添字 j (=A, B, C, D)は,人件費の定義を識別するものであり,これらの具体的な定義は,表1-1に示す通りである.しかしながら,こうした定義にしたがってもなお,分析上の問題が存在する点には注意が必要である.具体的には,被説明変数の運営費には,ある自治体では全職員の人件費を含むが,他の自治体では専業職員の人件費のみが含まれ,また更に別の自治体では人件費が含まれていない.したがって,上述のように,人件費の計算方法を替えて推定を繰り返しても,必ず人件費の計算方法に対応していない運営費を有する自治体が存在してしまう.しかしながら,上述の通り,各保険者の人件費の採用方法をデータから全て正確に識別することは不可能であるため,本章では,便宜的にこれらの変数を採用している.

z_1 と z_2 は各市町村の10万人当たり医師数と10万人当たり一般病床数といった医療資源であり,これらは健康投資の代理変数である[9].また,n_i は保険者 i の被保険者数である.もし,α_5 が負,α_6 が正に有意に推定されれば,国保の一人当たり運営費には規模の経済性が働くと判断できるので,国保の再編や統合を行うことによって,一人当たり運営費は削減できるといえる.x_i は保険者特性を示す変数であり,老健

1.2 データと分析方法

表 1-1 データ

変数名	定義	出典
一人当たり運営費	国保運営費 ÷ 被保険者数。ただし「運営費」は、総務費、審査支払手数料、共同事業拠出金、保険事業費、直診勘定繰出金の合計額。広域保険者は、それを構成する市町村の平均値を利用。	[1]
平均余命	男女の平均値。	[2]
職員一人当たり人件費 A	「職員給与等」金額 ÷ 専任職員数。	[1]
職員一人当たり人件費 B	「職員給与等」金額 ÷ (専任職員数 + 兼任職員数)。	[1]
職員一人当たり人件費 C	「職員給与等」金額 ÷ 専任職員数。ただし、「職員給与等」金額がゼロの保険者は、公務員一人当たり人件費で代替。	[1, 3]
職員一人当たり人件費 D	「職員給与等」金額 ÷ (専任職員数 + 兼任職員数)。ただし、「職員給与等」金額がゼロの保険者は、公務員一人当たり人件費で代替。	[1, 3]
被保険者数	一般被保険者数 + 退職被保険者数	[1]
老健加入率	老健給付対象者数 ÷ (被保険者数 + 老健給付対象者数)	[1]
退職被保険者割合	退職被保険者数 ÷ 被保険者数	[1]
介護保険第 2 号被保険者割合	介護保険第 2 号被保険者数 ÷ 被保険者数	[1]
非課税・免除者割合	(非課税対象者数 + 免除者数) ÷ 被保険者数	[1]
10 万人当たり医師数	各市町村の 10 万人当たり医師数。ただし、広域保険者は、それを構成する市町村の合計値を利用。ただし、ゼロの市町村は、「0.1」に置き換えている。	[4]
10 万人当たり一般病床数	各市町村の 10 万人当たり一般病床数。ただし、広域保険者は、それを構成する市町村の合計値を利用。ただし、ゼロの市町村は、「0.1」に置き換えている。	[5]

注: 各変数の出典は、以下の通りである。
[1] 『平成 12 年度 国民健康保険事業年報』、厚生労働省。
[2] 『平成 12 年 市区町村別生命表』、厚生労働省。
[3] 『平成 12 年度 市町村別決算状況調』、総務省。
[4] 『平成 12 年 医師・歯科医師・薬剤師調査』、厚生労働省。
[5] 『平成 12 年 医療施設調査』、厚生労働省。

表 1-2 記述統計量

サンプル	市区町村		市区		町村	
変数名	平均値	標準偏差	平均値	標準偏差	平均値	標準偏差
一人当たり運営費	16856.360	15025.670	18426.220	16473.480	11125.890	4190.368
平均余命	81.065	0.745	81.048	0.755	81.129	0.703
職員一人当たり人件費 A	9169544	7355542	8367221	7358809	11200000	6948650
職員一人当たり人件費 B	6322971	4503026	5459562	4274008	8932448	4161045
職員一人当たり人件費 C	7214040	7526267	6197526	7315854	10500000	7267898
職員一人当たり人件費 D	5112715	4750578	4226354	4397208	8348198	4588918
被保険者数	9930.359	32812.700	2835.823	2268.555	35827.530	64329.140
老健加入率	0.314	0.078	0.325	0.079	0.277	0.064
退職被保険者割合	0.114	0.043	0.110	0.044	0.130	0.034
介護保険第2号被保険者割合	0.308	0.035	0.306	0.037	0.315	0.023
非課税・免除者割合	0.016	0.030	0.018	0.032	0.008	0.015
10万人当たり医師数	124.398	172.224	103.113	157.461	202.096	199.470
10万人当たり一般病床数	920.679	1147.317	808.236	1213.508	1331.129	729.607
観測値数	3125		2453		672	

注 (1) 金額の単位は全て「円」.
注 (2) 観測値数は, 人件費 D を含むサンプルのものである. その他のサンプルの観測値数は, 以下の通りである.
 人件費 A (市区町村, 市区, 町村) = (2207, 624, 1583).
 人件費 B (市区町村, 市区, 町村) = (2526, 628, 1898).
 人件費 C (市区町村, 市区, 町村) = (2806, 668, 2138).

加入率,退職被保険者割合,介護保険第 2 号被保険者割合といった人口構成を示す変数群と,非課税・免除者割合が含まれる.このうち,老健加入率と退職被保険者割合,介護保険第 2 号被保険者割合,および非課税・免除者割合は,それぞれの被保険者の人数を老健対象者も含む被保険者総数で除したものである[10].また,$local$ は地域要因の代理変数として,二次医療圏ダミー群を採用している.なお,ダミー変数以外の説明変数は,全て対数変換したものを用いる.なお u は誤差項であり,これを最小二乗法 (OLS) で推定する.

なお,保険者 i の MES は,平均費用を最小にする被保険者数であるため,$\partial c_i / \partial n_i = 0$ を n について解いた以下の (2) 式のように計算される.

$$MES_{B.i}^{j} = \exp\left(-\frac{\alpha_5}{2\alpha_6}\right) \qquad (2)$$

ただし,$j = \mathrm{A, B, C, D}$.

また,推定に用いる変数の詳細な定義とその出典は表 1-1,記述統計量は表 1-2 に示す通りである.

1.2.3 基本モデルの推定結果

(1) 式の費用関数の推定結果と,(2) 式に基づく MES の推計結果は,表 1-3A～C に示す通りである.また,ダミー変数以外の説明変数は,全て対数化しているため,それらの推定値は,弾力値を示している.なお,LR test (Chow test) は,全市区町村サンプルの推定値と他の 2 サンプルの推定値が異ならないという帰無仮説を検定したものである.いずれの結果においても,帰無仮説は 1% 有意水準で棄却され

表 1-3 基本モデルの推定結果

(A) 市区町村サンプル

人件費定義

変数名	A 係数	標準誤差	B 係数	標準誤差	C 係数	標準誤差	D 係数	標準誤差
平均余命	-3.509***	1.258	-3.732***	1.222	-4.333***	1.222	-4.561***	1.201
職員一人当たり人件費	0.153***	0.007	0.160***	0.006	0.070***	0.006	0.076***	0.003
被保険者数	-1.315***	0.071	-1.133***	0.071	-1.250***	0.066	-1.142***	0.065	0.062
被保険者数（2乗）	0.060***	0.004	0.051***	0.004	0.057***	0.004	0.052***	0.004
老健加入率	0.309***	0.072	0.446***	0.068	0.411***	0.068	0.481***	0.064
退職被保険者割合	-0.079***	0.025	-0.077***	0.024	-0.065***	0.024	-0.063***	0.023
介護保険第2号被保険者割合	-0.355***	0.130	-0.409***	0.119	-0.148	0.117	-0.249**	0.109
非課税・免除者割合	0.009	0.006	0.006	0.006	0.002	0.006	0.003	0.006
10万人当たり医師数	0.006	0.012	-0.005	0.012	0.022*	0.011	0.012	0.011
10万人当たり一般病床数	0.012***	0.004	0.012***	0.004	0.007**	0.004	0.008**	0.004
町ダミー	0.022	0.029	0.012	0.026	0.019	0.027	0.013	0.025
市ダミー	0.189***	0.043	0.150***	0.041	0.181***	0.041	0.152***	0.041
定数項	28.940***	5.528	29.135***	5.371	33.856***	5.467	34.277***	5.283
観測値数	2207		2526		2806		3125	
Adjusted R-squared	0.720		0.715		0.662		0.665	
F test (H_0: all coefficients = 0)	$F(12,1841) = 174.05^{***}$		$F(12,2158) = 203.56^{***}$		$F(12,2438) = 190.25^{***}$		$F(12,2757) = 216.67^{***}$	
F test (H_0: local effects = 0)	$F(353,1841) = 2.721^{***}$		$F(355,2158) = 2.716^{***}$		$F(355,2438) = 2.957^{***}$		$F(355,2757) = 3.100^{***}$	
LR test (Chow test, H_0: fullsample)	$\chi^2(9) = 741.79^{***}$		$\chi^2(9) = 771.11^{***}$		$\chi^2(9) = 824.17^{***}$		$\chi^2(9) = 841.32^{***}$	
MES	57262.320		66822.440		55856.230		57426.410	

1.2 データと分析方法

(B) 市区サンプル

人件費定義

変数名	A 係数	A 標準誤差	B 係数	B 標準誤差	C 係数	C 標準誤差	D 係数	D 標準誤差
平均余命	−5.886 ***	2.095	−5.720 ***	2.082	−4.386 **	2.082	−4.252 **	2.153
職員一人当たり人件費	0.189 ***	0.016	0.200 ***	0.017	0.081 ***	0.017	0.085 ***	0.006
被保険者数	−0.836 ***	0.235	−0.748 ***	0.235	−0.824 ***	0.225	−0.719 ***	0.244
被保険者数（2乗）	0.035 ***	0.011	0.030 ***	0.011	0.035 ***	0.011	0.030 ***	0.012
老健加入率	0.664 ***	0.134	0.699 ***	0.134	0.719 ***	0.134	0.740 ***	0.135
退職被保険者第2号被保険者割合	−0.251 ***	0.064	−0.293 ***	0.063	−0.262 ***	0.063	−0.288 ***	0.068
介護保険第2号被保険者割合	0.650 **	0.305	0.633 **	0.304	0.727 **	0.304	0.711 **	0.319
非課税・免除者割合	−0.004	0.014	−0.002	0.014	0.006	0.014	0.006	0.013
10万人当たり医師数	−0.024	0.035	−0.020	0.034	−0.012	0.034	−0.010	0.036
10万人当たり一般病床数	0.066 **	0.031	0.058 *	0.031	0.055 *	0.031	0.051	0.033
定数項	37.671 ***	9.050	36.392 ***	8.964	32.885 ***	8.964	31.719 ***	9.244
観測値数	624		628		668		672	
Adjusted R-squared	0.747		0.748		0.739		0.739	
F test (H$_0$: all coefficients = 0)	F(10,309) = 28.45***		F(10,311) = 28.49***		F(10,342) = 30.08***		F(10,344) = 29.94***	
F test (H$_0$: local effects = 0)	F(304,309) = 2.275***		F(306,311) = 2.223***		F(315,342) = 2.327***		F(317,344) = 2.278***	
MES	143886.500		216233.300		123416.500		165120.800	

(C) 町村サンプル

人件費定義									
	A		B		C		D		
変数名	係数	標準誤差	係数	標準誤差	係数	標準誤差	係数	標準誤差	
平均余命	−1.468	1.574	−2.229	1.499 **	−3.094	1.521 **	−3.593	1.443	
職員一人当たり人件費	0.147 ***	0.008	0.153 ***	0.008	0.068 ***	0.004	0.075 ***	0.004	
被保険者数	−1.991 ***	0.164	−1.568 ***	0.142	−1.698 ***	0.134	−1.511 ***	0.124	
被保険者数 (2乗)	0.106 ***	0.011	0.081 ***	0.009	0.089 ***	0.009	0.079 ***	0.008	
老健加入率	0.345 ***	0.093	0.489 ***	0.085	0.472 ***	0.084	0.549 ***	0.078	
退職被保険者割合	−0.071 **	0.029	−0.065 **	0.027	−0.059 **	0.028	−0.055 **	0.026	
介護保険第2号被保険者割合	−0.330 **	0.159	−0.394 ***	0.141	−0.123	0.136	−0.222 *	0.124	
非課税・免除者割合	0.004	0.008	0.002	0.007	−0.003	0.007	0.000	0.006	
10万人当たり医師数	0.004	0.014	−0.007	0.013	0.019	0.013	0.010	0.012	
10万人当たり一般病床数	0.009 *	0.005	0.009 **	0.004	0.005	0.004	0.006	0.004	
定数項	22.616 ***	6.965	24.282 ***	6.634	30.117 ***	6.723	31.447 ***	6.376	
観測値数	1583		1898		2138		2453		
Adjusted R-squared	0.709		0.699		0.645		0.647		
F test (H_0: all coefficients = 0)	$F_{(10,1261)} = 133.08$***		$F_{(10,1570)} = 163.89$***		$F_{(10,1802)} = 161.61$***		$F_{(10,2116)} = 188.77$***		
F test (H_0: local effects = 0)	$F_{(311,1261)} = 2.522$***		$F_{(317,1570)} = 2.527$***		$F_{(325,1802)} = 2.751$***		$F_{(326,2116)} = 2.901$***		
MES	11499.240		15061.180		14002.350		15005.280		

注:これらの他に,二次医療圏ダミー変数群が説明変数に含まれる.ダミー変数をのぞく変数は全て対数変換している.***は1%有意水準,**は5%有意水準,*は10%有意水準で有意であることを示す.人件費の定義は表1-1を参照のこと.

ているため,以下では市区・町村の各サンプルの結果について議論していく.

推定結果をみると,サンプルの違いにかかわらず,多くの共通した傾向が見受けられる.例えば,被保険者数は一次項が負で有意,二次項は正で有意であるため,国保運営費は,被保険者規模のU字型の関数であることが確認できる.また,人件費,老健加入率および一般病床数のほとんどが正で有意に推定されている.一方で,退職者割合は負に有意に推定されている.その他には,市区サンプルにおいて,平均余命が負で有意,介護保険2号被保険者割合が正で有意に推定され,町村サンプルでは,平均余命と介護保険2号被保険者割合の一部が負で有意である.

また,これらの推定結果から推計されたMESは,市区サンプルでは123417〜216233人,町村サンプルでは11499〜15061人であった.

1.3 拡張モデルでの分析

1.3.1 基本モデルの問題点と拡張モデルの定式化

前節で計算したMESは,(2)式からも明らかに分かるように,被保険者に関するパラメーターのみに依存するものである.このことは,他の要因がどのような水準にあっても,MESは被保険者規模の影響によってのみでしか変化しないことを意味している.しかしながら,被保険者の規模が異なる地域を比較すれば,保険者の人口構成や地域の保健医療政策および医療資源等にも違いがあることが考えられ,それは各保険者のMESの推計に影響を及ぼしうる.こうした問題に対して,本節では前節の計量モデルを拡張した以下の費用関数を推定する[11].

$$\ln c_i = \alpha_0 + \alpha_1 \ln y_i + \alpha_2 \ln w_i^j + \alpha_5 \ln n_i +$$
$$(\alpha_3 \ln z_{1,i} + \alpha_4 \ln z_{2,i} + \alpha_6 \ln n_i + \sum_j \beta_j x_{ij}) \times \ln n_i$$
$$+ \sum_k \gamma_k local_{ik} + u_i \qquad (3)$$

(1) 式と (3) 式の違いは,被保険者の規模と地域属性の交差項を説明変数として採用している点である.

また,このモデルにおける保険者 i の MES は,以下のように導出することができる.

$$MES_{E,i}^j = \exp\left(-\frac{\alpha_5 + \alpha_3 \ln z_{1,i} + \alpha_4 \ln z_{2,i} + \sum_j \beta_j x_{ij}}{2\alpha_6}\right) \qquad (4)$$

$$\text{ただし,} \ j = \text{A}, \text{B}, \text{C}, \text{D}.$$

(4) 式から明らかなように,保険者 i の MES には,各市区町村の属性が反映されているため,これは保険者ごとに異なる数値が推計される.

1.3.2 拡張モデルの推定結果

(3) 式の費用関数の推定結果と,(4) 式に基づく MES の推計結果[12]は,表 1-4A〜C に示す通りである.基本モデルでの推定と同様に,LR test (Chow test) によって帰無仮説は 1% 有意水準で棄却されている.したがって,ここでも市区・町村の各サンプルの結果について議論していく.

推定結果は,説明変数に交差項が含まれているので,基本モデルとの単純な比較はできないが,被保険者数は一次項が負で有意,二次項は

1.3　拡張モデルでの分析

表 1-4　拡張モデルの推定結果

(A)　市区町村サンプル

人件費定数項

変数名	A 係数	標準誤差	B 係数	標準誤差	C 係数	標準誤差	D 係数	標準誤差
平均余命	−3.500 ***	1.263	−3.698 ***	1.229	−4.277 ***	1.248	−4.512 ***	1.208
職員一人当たり人件費	0.153 ***	0.007	0.160 ***	0.006	0.070 ***	0.003	0.076 ***	0.003
被保険者数	−1.439 ***	0.069	−1.280 ***	0.064	−1.340 ***	0.062	−1.259 ***	0.060
被保険者数（2乗）	0.064 ***	0.004	0.057 ***	0.004	0.061 ***	0.004	0.058 ***	0.004
町ダミー	0.032	0.028	0.026	0.026	0.031	0.027	0.027	0.025
市ダミー	0.205 ***	0.042	0.172 ***	0.041	0.199 ***	0.042	0.174 ***	0.041
定数項	29.567 ***	5.545	29.650 ***	5.404	33.943 ***	5.485	34.497 ***	5.309
(被保険者数との交差項)								
老健加入率	0.033 ***	0.008	0.047 ***	0.008	0.043 ***	0.008	0.051 ***	0.008
退職被保険者割合	−0.010 ***	0.003	−0.010 ***	0.003	−0.008 ***	0.003	−0.008 ***	0.003
介護保険第2号被保険者割合	−0.042 **	0.017	−0.053 ***	0.016	−0.022	0.016	−0.035 **	0.015
非課税・免除者割合	0.001	0.001	0.001	0.001	0.000	0.001	0.000	0.001
10万人当たり医師数	0.001	0.002	−0.001	0.002	0.002	0.001	0.001	0.002
10万人当たり一般病床数	0.002 ***	0.001	0.002 ***	0.001	0.001 **	0.001	0.001 **	0.001
観測値数	2207		2526		2806		3125	
Adjusted R-squared	0.718		0.712		0.660		0.663	
F test (H_0: all coefficients=0)	$F(12,1841)=172.50$***		$F(12,2158)=200.28$***		$F(12,2438)=188.31$***		$F(12,2757)=213.33$***	
F test (H_0: local effects=0)	$F(353,1841)=2.694$***		$F(355,2158)=2.665$***		$F(355,2438)=2.929$***		$F(355,2757)=3.057$***	
LR test (Chow test, H_0: fullsample)	$\chi^2(9)=748.26$***		$\chi^2(9)=780.68$***		$\chi^2(9)=830.88$***		$\chi^2(9)=851.44$***	
MES (Mean)	52132.980		53800.750		67730.120		51132.360	
(S.E.)	4556.312		7337.712		5781.247		6809.644	
(Max)	67841.460		83202.110		92827.130		81564.880	
(Min)	36657.960		32084.720		52778.090		32355.000	

(B) 市区サンプル

人件費定義

変数名	A 係数	標準誤差	B 係数	標準誤差	C 係数	標準誤差	D 係数	標準誤差
平均余命	−6.001 ***	2.099	−5.781 ***	2.087	−4.495 **	2.087	−4.331 **	2.155
職員一人当たり人件費	0.188 ***	0.016	0.199 ***	0.017	0.082 ***	0.017	0.085 ***	0.006
被保険者数	−0.851 ***	0.237	−0.758 ***	0.227	−0.827 ***	0.227	−0.721 ***	0.245
被保険者数（2乗）	0.039 ***	0.011	0.034 ***	0.010	0.039 ***	0.010	0.034 ***	0.011
定数項	37.850 ***	9.156	36.323 ***	9.079	32.858 ***	9.079	31.573 ***	9.341
(被保険者数との交差項)								
老健加入率	0.065 ***	0.013	0.069 ***	0.013	0.070 ***	0.013	0.072 ***	0.013
退職被保険者割合	−0.025 ***	0.007	−0.029 ***	0.007	−0.027 ***	0.007	−0.029 ***	0.007
介護被保険第2号被保険者割合	0.059 *	0.031	0.059 *	0.031	0.066 **	0.031	0.065 **	0.033
非課税・免除者割合	0.000	0.001	0.000	0.001	0.001	0.001	0.001	0.001
10万人当たり医師数	−0.003	0.003	−0.003	0.003	−0.002	0.003	−0.006	0.004
10万人当たり一般病床数	0.007 **	0.003	0.007 **	0.003	0.006 *	0.003	0.006 ***	0.003
観測値数	624		628		668		672	
Adjusted R-squared	0.748		0.748		0.740		0.740	
F test (H_0: all coefficients = 0)	$F(10, 309) = 28.60$***		$F(10, 311) = 28.53$***		$F(10, 342) = 30.31$***		$F(10, 344) = 30.12$***	
F test (H_0: local effects = 0)	$F(304, 309) = 2.280$***		$F(306, 311) = 2.231$***		$F(315, 342) = 2.344$***		$F(317, 344) = 2.295$***	
MES (Mean)	103338.700		53095.010		92713.230		114832.1	
(S.E.)	19534.220		13654.740		18221.050		27007.080	
(Max)	173784.100		106049.700		160502.100		215303.700	
(Min)	56804.280		26893.280		51363.640		56469.740	

(C) 町村サンプル

人件費定義	A		B		C		D	
変数名	係数	標準誤差	係数	標準誤差	係数	標準誤差	係数	標準誤差
平均余命	−1.430	1.579	−2.164	1.898	−3.013 **	1.507	−3.503 **	1.526	1.449
職員一人当たり人件費	0.146 ***	0.008	0.153 ***	0.008	0.069 ***	0.008	0.075 ***	0.004	0.004
被保険者数	−2.156 ***	0.158	−1.766 ***	0.158	−1.810 ***	0.138	−1.664 ***	0.130	0.121
被保険者数（2乗）	0.115 ***	0.011	0.093 ***	0.010	0.096 ***	0.010	0.089 ***	0.009	0.009
定数項	23.149 ***	6.962	24.741 ***	6.962	30.052 ***	6.652	31.490 ***	6.731	6.393
（被保険者数との交差項）									
老健加入率	0.040 ***	0.012	0.059 ***	0.011	0.054 ***	0.011	0.066 ***	0.011	0.010
退職被保険者割合	−0.009 **	0.004	−0.009 **	0.004	−0.008 **	0.004	−0.008 **	0.004	0.003
介護保険第2号被保険者割合	−0.048 **	0.021	−0.056 ***	0.019	−0.026	0.019	−0.036 **	0.019	0.018
非課税・免除者割合	0.001	0.001	0.000	0.001	0.000	0.001	0.000	0.001	0.001
10万人当たり医師数	0.000	0.002	−0.001	0.002	0.002	0.002	0.001	0.002	0.002
10万人当たり一般病床数	0.001 *	0.001	0.001 **	0.001	0.002	0.001	0.001	0.001	0.001
観測値数	1583		1898		2138		2453		
Adjusted R-squared	0.708		0.697		0.643		0.645		
F test (H₀: all coefficients = 0)	F(10,1261) = 132.18***		F(10,1570) = 161.79***		F(10,1802) = 160.09***		F(10,2116) = 186.29***		
F test (H₀: local effects = 0)	F(311,1261) = 2.504***		F(317,1570) = 2.494***		F(325,1802) = 2.732***		F(326,2116) = 2.869***		
MES (Mean)	10295.940		11714.040		15437.560		12647.9		
(S.E.)	596.923		1175.404		1011.452		1344.996		
(Max)	12105.720		15603.140		19855.920		17912.600		
(Min)	8283.973		8240.036		12905.110		8945.353		

注：表1-3の注を参照のこと.

正で有意であるため，基本モデルの推定結果と同様に，被保険者規模は国保運営費の U 字型の関数であることが確認できる．また，表 1-4 の下段には，推計された MES の記述統計量を示している．具体的には，市区サンプルの MES の平均（標準偏差）は 53095〜114832（13655〜27007）人，町村サンプルの MES の平均（標準偏差）は 10296〜15438（5973〜1345）人であった．

1.4 考察

本節では，前節で推計された MES をもとに，平成の大合併によって，国保保険者の規模の問題は解決されたのかを検証する．具体的には，以下のように定義される比率（ρ_i）を計算する．

$$\rho_i = \frac{Insured_{2005,i}}{MES^*_{E,i}} \tag{5}$$

$$MES^*_{E,i} = \sum_{j=A}^{D} MES_{j,i}/4 \tag{6}$$

$$\text{ただし，} j = \text{A, B, C, D.}$$

ただし，$Insured_{2005,i}$ は，保険者 i の 2005 年度末時点の被保険者総数であり，$MES^*_{E,i}$ は各サンプルの拡張モデルの推定結果から計算された保険者 i の MES の平均値である（(6) 式）[13]．もし，ρ_i が 1 未満であれば，平成の大合併後も，保険者 i の被保険者規模は MES に満たない水準にとどまっており，逆に ρ_i が 1 より大きければ，平成の大合併後に，保険者 i の被保険者規模は MES に上回る水準になっていると判断できる．ただし，2000 年と 2005 年では，地域属性が異なる可能性があるため，年が変わると MES も変化する可能性がある．よって，この

1.4 考察

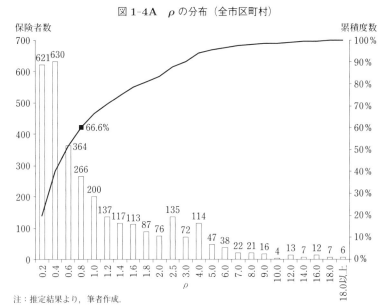

図 1-4A　ρ の分布（全市区町村）

注：推定結果より，筆者作成．

ような比較を行う際には，2005年のデータを用いた推定結果から推計された MES との比較を行うことも考えられる．しかしながら，2005年度のデータを用いた分析では，吸収合併されてしまった市町村は分析対象から外れてしまうといった問題が発生する．このような市町村のほとんどは，もともと人口数（被保険者数）が多くない小規模保険者であることから，合併による規模拡大の恩恵を受けると予測される保険者であると考えられる．本章では，こうした小規模保険者が市町村合併によって，実際にどのように変化したのかを分析することを検証するために，上記のような設定で分析を試みている．

図 1-4A は，全市区町村の ρ_i のヒストグラムと累積分布をまとめたものであるが，ρ_i が1に満たない保険者は 2081 ほどあり，これは全体の 66.6% を占める．つまり，平成の大合併がほとんど終わった後でも，

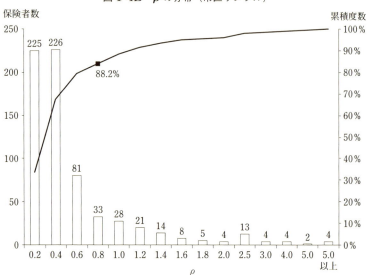

図 1-4B ρ の分布（市区サンプル）

注：推定結果より，筆者作成．

3割強の保険者しか被保険者規模が MES を上回っていない．これをサンプル別にみてみると，市区では 88.2%（593 保険者，図 1-4B），町村では 60.7%（1488 保険者，図 1-4C），の保険者が MES を下回っていることが分かる．[14]

次に，推計された MES と，厚生労働省『平成 17 年度 国民健康保険事業年報』から把握できる二次医療圏および都道府県の被保険者総数との比較を試みる．具体的には，以下の比率を計算して，その分布を確認する．

$$\rho_{s,i} = \frac{Insured_{2005,s}}{MES^*_{E,i}} \tag{7}$$

$$\rho_{p,i} = \frac{Insured_{2005,p}}{MES^*_{E,i}} \tag{8}$$

1.4 考察

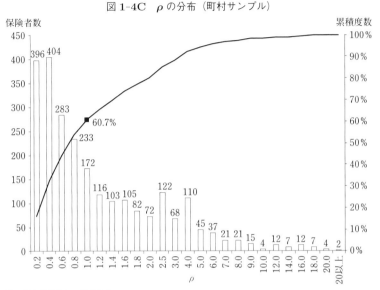

図 1-4C　ρ の分布（町村サンプル）

注：推定結果より，筆者作成．

ただし，$Insured_{2005,s}$ および $Insured_{2005,p}$ は，保険者 i を含む二次医療圏（s）と，都道府県（p）の 2005 年度末時点における被保険者総数である．図 1-5A と図 1-5B は，$\rho_{s,i}$ と $\rho_{p,i}$ それぞれのヒストグラムと累積分布を示したものである．二次医療圏人口との比較を行った図 1-5A によれば，$\rho_{s,i}$ が 1 未満である保険者は全市区町村の約 4%（124 保険者）であり，都道府県人口との比較を行った図 1-5B によれば，$\rho_{p,i}$ の最小値は 4.82（徳島県徳島市）で，1 未満である保険者は見受けられない[15]．

つまり，国保保険者の規模の問題は，平成の大合併による強制的な統合では解決されたとは言い難いが，二次医療圏レベルでの統合で，ほとんど解決できるといえよう．

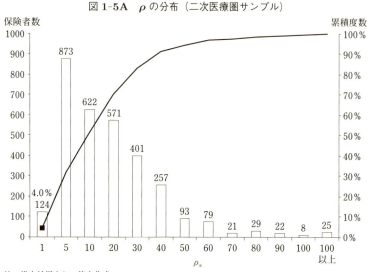

図 1-5A ρ の分布（二次医療圏サンプル）

注：推定結果より，筆者作成．

1.5 おわりに

国保制度が抱える様々な構造的な問題を解決するために，国保保険者の都道府県への再編・統合は，現在の医療保険制度改革における重要な政策課題の一つになっているが，それは，医療サービス需給の実態を反映した改革案であり，必ずしも科学的な根拠を有するわけではない．加えて，2000年代の平成の大合併により，市区町村国保は，ある程度（強制的に）統合されたため，合併後の規模によっては，新たな再編や統合を行う必要はないかもしれない．そうした背景を踏まえて，本章では，国保運営費の平均費用が最小になる最小効率規模を推計した．この分析は，これまで実態ベースでしか議論されてこなかった国保の統合・再編問題に対して，科学的なエビデンスを提供するものである．

1.5 おわりに

図 1-5B　ρ の分布（都道府県サンプル）

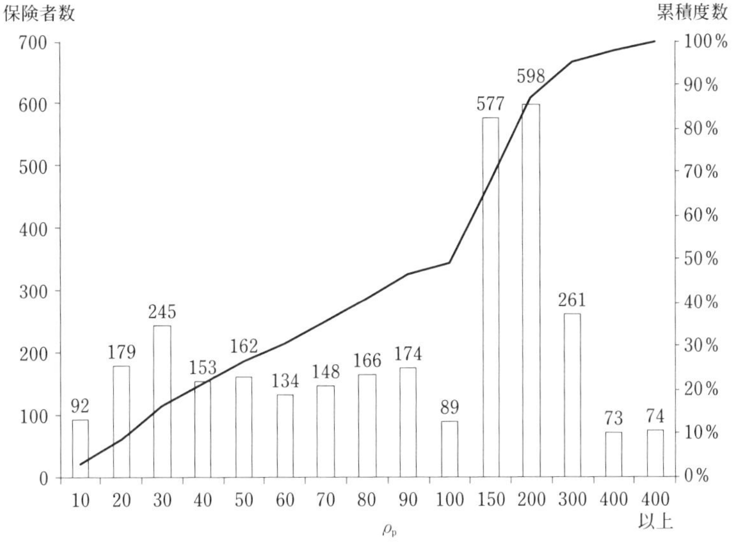

注：推定結果より，筆者作成．

『国民健康保険事業年報』の保険者別データで実証分析を行った結果，国保運営費は被保険者規模の U 字型の関数であること，つまり，国保運営費には規模の経済性が存在することが確認された．このことは，保険者の統合を行うことによって，国保運営費を削減できうることを示唆している．また，推定結果から計算される MES と 2005 年度末時点の被保険者数を保険者ごとに比較した結果，約 67% の保険者が MES 以下の被保険者規模のままであった．これを市区・町村別にみてみると，市区では約 9 割，町村では約 6 割の保険者の規模が，MES を下回っていた．加えて，この MES と 2005 年度末時点の二次医療圏および都道府県の被保険者総数とを比較すると，被保険者数が MES に満たない保険者は，前者では全市区町村の約 4%，後者では皆無であった．これら

の結果は，国保の規模の問題は，平成の大合併による保険者の統合では解消されたとはいえないが，二次医療圏レベルでの統合によって，そのほとんどは解決できるので，あえて都道府県レベルで統合する必要はないことを示している．

仮に，二次医療圏レベルでの保険者の統合を考えた場合，それをどのように設置し，どのように運営していくかは，新たに検討しなければならない課題となる．先の全国健康保険協会（協会けんぽ）の保険者設置の経緯や過程を踏まえれば，この調整は非常に難航することが予想される．したがって，保険者の設置も含めた実効性を考えれば，現在，厚生労働省が提案している都道府県での運営は現実的な路線といえるかもしれない．しかしながら，仮にそのように議論が収束した場合には，被保険者の規模が過大すぎることによって失われる保健・医療政策の機動力低下の影響をどのようにフォローしていくのかを，別に検討する必要性はあると思われる．

最後に，残された本章の課題をまとめておきたい．本章で用いたデータは，各国保保険者の詳細な情報をまとめた『国民健康保険事業年報』を用いているが，他のデータの制約上，クロスセクションデータでの分析に留まっているため，様々な限界はあることは否定できない．例えば，パネル推定のように，観察できない各保険者の要因を明示的に考慮することができないため，推定値にバイアスが発生している可能性がある．具体的には，何らかのショックによって，たまたま2000年に費用が大きい（または小さい）保険者があるかもしれないが，クロスセクションデータを用いた分析では，そのような特殊な保険者の存在を考慮することが不可能である．もし，推定値にバイアスが含まれていれば，それをもとに推計している MES にもバイアスがあることになる．これ

は，本章の結果は真の MES 値とは乖離している可能性があるといわざるを得ないため，パネルデータを用いた推定は早急に行われるべき重要な研究課題であるといえる．また，4 節でも述べたように，2000 年と 2005 年では地域属性が異なる可能性があるため，年が変わると MES も変化する可能性がある．したがって，平成の大合併による保険者統合の効果を検証する場合には，本章のような保険者ごとの変化をみるだけでなく，合併前と合併後のデータを用いて，それぞれの結果を比較することで，そのマクロ的な効果を検証することも今後の重要な研究課題であるといえる．最後に，平均費用が最小化する規模に保険者が統合されたとしても，そのような統合や再編が必ずしも代表的個人（被保険者）の効用を最大にするとは限らない．したがって，国保保険者の統合・再編に関しては，本章のような財政側・人口構成側のみからの視点だけではなく，上述した観点を考慮した厚生分析によるシミュレーションを行うことも，今後の重要な研究課題といえるだろう．

注
1) この他には，Hirota and Yunoue (2008) は，同様の分析を介護保険について行っており，介護保険の総務費に関しても規模の経済性が存在していることを確認している．
2) 実際に，人件費を説明変数に採用している泉田 (2003b) と岸田 (2002) では，前者では有意ではなく，後者では推定方法によって結果が異なっている．
3) 以下，「被保険者」は，老健給付対象者を除く一般被保険者と退職被保険者を指す．
4) 2005 年度の各市区町村国保の被保険者数は，『平成 17 年度 国民健康保険事業年報』から得ている．
5) 例えば，Grossman (1972a, b).
6)『平成 12 年 市区町村別生命表』では，男女別の平均余命が掲載されているが，

ここではそれらの平均値を用いている．また，広域保険者に関しては，それを構成する市町村の平均値を用いている．

7) 別な言い方をすると，リスク分散機能に対応する適当な代理変数を見出すことは非常に難しいため，本章ではその採用を見送っている．データの整備も含め，こうした要素をも含んだ包括的なアウトプットの指標を用いることは，今後の重要な課題であるといえる．

8) ただし，「職員給与費等」には物件費等も含まれており，その全てが人件費として支出されるわけではない点には注意が必要である．

9) 広域保険者については，それを構成する市町村の合計値を計算している．また，対数線形モデルで推定を行うために，数値がゼロの場合には，それらを0.1に置き換えている．

10) 老健対象者数，退職被保険者数，介護保険第2号被保険者数，および被保険者総数は，全て年度末時点の人数である．

11) こうした定式化の下で地方自治体のMESを計測している近年の代表的な研究には，林 (2002) や，西川 (2002)，および古川 (2007) などがある．

12) 係数が有意でないものは，ゼロとして計算している．

13) 人件費の定義によっては，MESが計算できない保険者も存在する．ここでは，そのような保険者のMESは，推定されたパラメーターに，地域属性を掛け合わせることで計算している．

14) 全ての保険者の推計値は紙幅の都合上，割愛している．

15) 全ての保険者の推計値は紙幅の都合上，割愛している．

第 2 章
国民健康保険財政と最小効率規模

2.1 はじめに

近年の国保制度は,加入者の高齢化,低所得者の増加,小規模保険者の増加,保険料収納率の低下,医療費と保険料の地域格差といった様々な構造的な問題を長期間抱えており,厚生労働省保険局国民健康保険課(2006)によれば,2003 年度には 72.8％ もの保険者が赤字を計上するなど,その財政状況はきわめて深刻な状態にある.こうした状況を受けて,保険者を都道府県単位に再編・統合するという議論が,近年の医療保険制度改革における重要な政策課題の一つになっている.その背景には,現在の国保制度は,原則として,市区町村といった比較的小規模な単位で運営されていることがある.すなわち,こうした小規模保険者においては,保険者機能が十分に発揮できないといった問題や,経済環境の悪化や高額医療費の発生等の様々なショックに対するリスク分散機能が不十分であるため,事業運営が不安定になるという問題がある.前章でみたように,2005(平成 17)年度の被保険者数の分布をみてみると,小規模保険者としてしばしば称される被保険者数 3000 人未満の保険者は,全体の 17.5％ ほど存在する(図 2-1).これは 2000 年度の 36.1％ に比べて半減しているが,それは平成の大合併による国保保険者の統合によるものである.

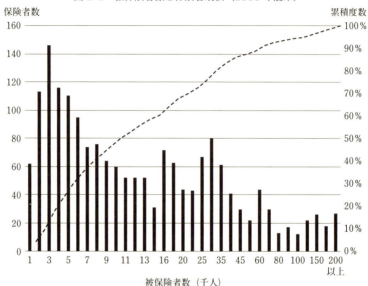

図 2-1 被保険者数と保険者規模（2005 年度末）

注：『平成17年度　国民健康保険事業年報』より筆者作成．

　本章の目的は，国保における一人当たり支出が最小になる最小効率規模（Minimum Efficient Scale，MES）を推計することで，現在議論されている国保の統合・再編に対して，被保険者規模の観点からの科学的な根拠を提供することである．国保に関する経済学的な研究は，(1) 財政に関する分析（小椋・入船，1990；林，1995；岩本他，1997，田近・油井，1999，鈴木，2001，Yoshida and Kawamura, 2008；湯田，2010a）や，(2) 保険者の規模と事務費の関係に関する分析（岸田，2002；泉田，2003b；湯田，2010b），そして (3) 保険税と保険料の徴収方法の選択に関する分析（西川，2006）に大別することができる．このうち，本章の分析と関連が深いのは (2) の研究である．これらの研究のうち，山田 (1998)，岸田 (2002)，泉田 (2003b) は，保険者別のデータを用いて，

2.1 はじめに

総務費と保険者の規模に関する分析を行っており，国保の総務費には規模の経済が働くこと，すなわち，市区町村国保を再編・統合することによって，一人当たり事務費が逓減するため，その財政効果が存在することを確認している[1]．しかしながら，これらの研究には，(1) いくつかの研究で推定されている推定式には，経済学的な意味付けを持たないものがある，(2) 人件費の代理変数として，会計が異なる公務員の一人当たり給与額を用いている，(3) 地域医療計画や越境受診などの都道府県内の観察されない要因がコントロールされていないため，推定値がバイアスを持っている可能性がある，(4) 実証分析において，被保険者数が単独で説明変数に採用されているため，保険者ごとのMESが推計できない，という問題がある．湯田 (2010b) では，これらの問題を克服した上で，国保運営費（総務費，審査支払手数料，共同事業拠出金，保健事業費，直診勘定繰出金の合計額）の平均費用が最小になる被保険者の規模を推計している．その結果，市区では約9割，町村では約6割の保険者の規模が，MESを下回っていたことを明らかにしている．加えて，そのMESと2005年度末時点の二次医療圏および都道府県の被保険者総数を比較した結果，被保険者数がMESに満たない保険者は，前者では全市区町村の約4%，後者では皆無であることも示している．それを踏まえて，国保の規模の問題は，平成の大合併による保険者の統合では，解消されたとはいえないが，二次医療圏レベルでの統合によって，そのほとんどは解決できるとまとめている．

　本章では，前章の分析方法をさらに拡張し，以下の点を考慮に入れて国保保険者の最小効率規模を推計する．第一の拡張点は，財政の支出総額に焦点を当てている点である．上述の先行研究では総務費や事務費の観点からのMESを推計しているが，保険者の再編・統合を考える際

には，事務費だけではなく，国保財政全体に焦点を当てるべきである．その理由は，規模の経済性によって事務費が削減できることと，国保が抱える構造的な問題が解決することとは別問題であると考えられるためである．第二の拡張点は，一般被保険者だけでなく，老人保健制度適用者も含めたMESを推定している点である．高齢者医療制度改革会議 (2010) では，現在の後期高齢者医療制度を廃止した後に，その加入者を主に国保に加入させるという案が検討されている．したがって，本章の分析結果はそうした議論に一つの科学的な根拠を与えるという意味で意義がある．第三の拡張点は，費用関数について，詳細な検定を行っている点である．上述の先行研究では，大雑把に対数線形関数で計量分析が行われているが，推定された費用関数が経済学的にどのような意味を持つものなのかについてはほとんど言及されていない．しかしながら，国保特会の支出が，どういう構造を持つのかを経済学の観点から把握をしておくことは，今後，様々な国保改革を行う上でも非常に重要であると考えられる．

本章の構成は以下の通りである．次節では本分析で使用するデータに関する概要と分析方法について説明する．3節では費用関数の推定結果を報告する．4節では費用関数の推定結果を用いて算出したMESと実際の被保険者数を比較する．5節は本章のまとめである．

2.2 データと分析方法

2.2.1 データ

本章の分析で用いる主なデータは，厚生労働省の『平成17年度 国民健康保険事業年報』に記載されている保険者別データである[2]．この統計

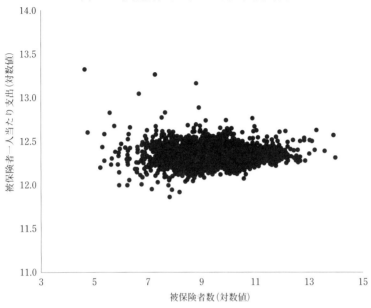

図 2-2 被保険者一人当たり支出と被保険者数

注:『平成17年度 国民健康保険事業年報』より筆者作成.

は,厚生労働省が,全国の国保保険者の事業運営実績を把握して,制度の改善や予算の編成および国庫補助金の交付等,制度の健全な運営のため広く活用するための基礎資料を得ることを目的としているものである.

実際に被保険者一人当たり支出と,被保険者数の散布図をみてみると,図2-2のように,U字型の底の部分からやや左側に点が集中している様子が観察される.つまり,国保特会の支出には,総務費や事務費と同様に規模の経済性が存在していることが予想されるため,国保保険者の統合や再編を行うことによって,一人当たり支出は削減できる可能性がある.また,図2-2を市区・町村別に分けたものが,図2-3A・

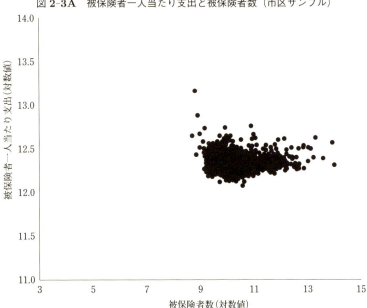

図 2-3A 被保険者一人当たり支出と被保険者数（市区サンプル）

注：『平成17年度 国民健康保険事業年報』より筆者作成．

Bである．これらによると，市区の散布図はU字型の底の部分に集中しているが，町村の散布図は，底の部分からやや左側に集中している様子が観察される．このことは，特に町村において，さらなる統合を行うことによって，国保特会の支出を削減できる可能性を示唆している．

2.2.2 計量モデル

本章で推定される推定式の基本形は以下のCobb-Douglas型の費用関数である．

$$\ln(c_i) = \alpha_0 + \alpha_1 \cdot \ln(w_{1,i}) + \alpha_2 \cdot \ln(w_{2,i}) + \alpha_y \cdot \ln(y_i^*) + u_i \quad (1)$$

図 2-3B 被保険者一人当たり支出と被保険者数（町村サンプル）

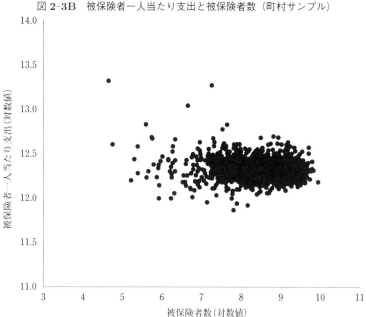

注：『平成17年度 国民健康保険事業年報』より筆者作成．

ただし，c は保険者 i の被保険者一人当たりの支出総額，w は要素価格であり，w_1 は職員一人当たりの総務費，w_2 は被保険者一人当たり保険給付費である．前者は国保を運営する人々の人件費，後者は実際に医療を提供するために必要な費用の代理変数である．y^* は国民健康保険の生産物であるが，Zweifel et al.（2009）が述べているように，医療保険の生産物を一つの変数にまとめて分析を行うこと自体が，概念的な面で多少の無理がある．そこで本分析では，y^* は下記のように観察可能な変数の線形結合で表記できるものと仮定する．

$$\ln(y_i^*) = \beta_0 + \beta_y \cdot \ln(y_i) + \beta_1 \cdot \ln(n_i)$$
$$+ \beta_2 \cdot [\ln(n_i)]^2 + \sum_{j=1}^{J} \gamma_j \cdot \ln(x_{i,j}) + v_i \qquad (2)$$

ただし,y は保険者 i が属する市町村の平均余命[3],n は被保険者数,x は地域要因である.x には,被保険者に占める 70 歳以上被保険者の割合,被保険者に占める標準負担額減額適用者の割合,被保険者一人当たり保健事業費および医療供給密度[4](千人当たり医師数,同医療機関数,同病床数)が含まれる.

(2) 式を (1) 式に代入すると,

$$\ln(c_i) = \alpha_0 + \alpha_1 \cdot \ln(w_{1,i}) + \alpha_2 \cdot \ln(w_{2,i})$$
$$+ \alpha_y [\beta_0 + \beta_y \cdot \ln(y_i) + \beta_1 \cdot \ln(n_i) \qquad (3)$$
$$+ \beta_2 \cdot [\ln(n_i)]^2 + \sum_{j=1}^{J} \gamma_j \cdot \ln(x_{j,i}) + v_i] + u_i$$

つまり,

$$\ln(c_i) = \delta_0 + \alpha_1 \cdot \ln(w_{1,i}) + \alpha_2 \cdot \ln(w_{2,i}) + \delta_1 \cdot \ln(y_i)$$
$$+ \delta_2 \cdot \ln(n_i) + \delta_3 \cdot [\ln(n_i)]^2 + \alpha_y \sum_{j=1}^{J} \gamma_j \cdot \ln(x_{j,i}) + e_i \qquad (4)$$

ただし,$\delta_0 = \alpha_0 + \alpha_y \cdot \beta_0$,$\delta_1 = \alpha_y \cdot \beta_y$,$\delta_2 = \alpha_y \cdot \beta_1$,$\delta_3 = \alpha_y \cdot \beta_2$,$e_i = u_i + \alpha_y \cdot v_i$ である.また,$E[u_i|z_i] = E[v_i|z_i] = 0$(ただし,$z$ は全ての説明変数を含むベクトル)であると仮定する.このときの MES は,

$$MES_{Base} \equiv \frac{\partial \ln(c)}{\partial n} = 0$$
$$\Leftrightarrow \quad MES_{Base} = \exp\left[-\frac{\delta_2}{2\delta_3}\right] = \exp\left[-\frac{\beta_1}{2\beta_2}\right] \quad (5)$$

である.しかしながら,例えば林(2002)で指摘されているように,(5)式の MES は被保険者数のパラメーターにのみ依存するものである.つまり,他の説明変数を追加すれば,推定値は異なる可能性はあるが,推計される MES は,他の変数に依存することなく,サンプル内で同じ人数になる.このことは,他の要因がどのような水準にあっても,MES はサンプル内で変化しないことを意味している.しかしながら,元々の被保険者の規模が異なれば,当然,各保険者の MES は異なることが予想される.また,被保険者の年齢構成や地域の保健医療政策および医療資源等の違いによっても,各保険者の MES は異なるであろう.そこで,前章と同様に,(2)式の拡張版を考える.

$$\ln(y_i^*) = \beta_0' + \beta_y' \cdot \ln(y_i)$$
$$+ \ln(n_i)\left[\beta_1' + \beta_2' \cdot \ln(n_i) + \sum_{j=1}^{J}\gamma_j' \cdot \ln(x_{j,i})\right] + v_i' \quad (6)$$

(6)式を(1)式に代入して整理すると,

$$\ln(c_i) = \delta_0' + \alpha_1 \cdot \ln(w_{1,i}) + \alpha_2 \cdot \ln(w_{2,i}) + \delta_1' \cdot \ln(y_i)$$
$$+ \delta_2' \cdot \ln(n_i) + \delta_3' \cdot [\ln(n_i)]^2 + \alpha_y \sum_{j=1}^{J}\gamma_j' \cdot \ln(x_{j,i}) + e_i' \quad (7)$$

が得られる.ただし,$\delta_0' = \alpha_0 + \alpha_y \cdot \beta_0'$, $\delta_1' = \alpha_y \cdot \beta_1'$, $\delta_2' = \alpha_y \cdot \beta_1'$, $\delta_3' = \alpha_y \cdot \beta_2'$, $e_i' = u_i + \alpha_y \cdot v_i'$ である.また,$E[v_i'|z_i] = 0$ であると仮定

する.このときの MES は,

$$MES_{Extention} = \exp\left(-\frac{\delta_2 + \alpha_y \sum_{j=1}^{J} \gamma'_j \ln(x_{j,i})}{2\delta_3}\right)$$

$$= \exp\left(-\frac{\beta_1 + \sum_{j=1}^{J} \gamma'_j \ln(x_{j,i})}{2\beta_2}\right) \quad (8)$$

である.

本章では,(4)・(8) 式を最小二乗法(OLS)[5]で推定し,得られたパラメーターを用いて,各保険者の MES を推計する.なお,実証分析に当たっては,サンプルを市区と町村サンプルに分けて分析を行う.図 2-3A・B からも明らかなように,市区と町村の支出はその異なる特性を持っている可能性が高いためである[6].また,平均余命については,ゼロ歳児時点のもの(平均寿命)と 65 歳時点のものを用いる.後者を用いる理由は,現行制度では加入者の平均年齢が比較的高いことと,将来的には後期高齢者が加入してくること(高齢者医療制度改革会議,2010)を考慮するためである.また,二次医療圏が一般的な医療その地域内で完結するように設定されていることを踏まえて,二次医療圏ベースの医療供給密度を説明変数として採用するモデルも推定する.しがたって,これらの組み合わせを変えた全 8 パターンの推定を行う.なお,Yoshida and Kawamura(2008)や湯田(2010a)が指摘するように,国保特会にはソフトな予算制約の問題がある可能性がある.本章の分析では,半正規分布に従う非効率項を加えた確率フロンティア推定

2.2 データと分析方法

表 2-1 データ

サンプル	市区				町村				出典
変数名	平均	標準偏差	最小値	最大値	平均	標準偏差	最小値	最大値	
一人当たり支出（千円）	232.320	27.022	176.254	517.540	229.344	33.398	141.846	609.733	[1]
平均余命（0歳時点）	82.199	0.798	73.050	84.350	82.059	0.765	79.400	84.550	[2]
平均余命（65歳時点）	20.872	0.502	19.150	23.150	20.911	0.572	18.050	23.950	[2]
事務職員一人当たり総務費（千円）	10003.280	4776.512	0.100	35698.780	6700.585	4940.555	0.100	56185.930	[1]
被保険者一人当たり保険給付費（千円）	203.988	21.445	151.003	328.220	197.835	26.248	71.757	303.712	[1]
被保険者数（人）	52966.940	87898.210	6036.000	1174157.000	5478.850	3663.296	105.000	20669.000	[1]
被保険者一人当たり保健事業費（円）	986.130	1056.418	0.100	19817.700	2012.600	11732.820	0.100	362830.300	[1]
70歳以上割合	0.074	0.012	0.039	0.129	0.076	0.017	0.011	0.134	[1]
標準負担額減額適用者割合	0.032	0.032	0.000	0.214	0.044	0.053	0.000	0.427	[1]
千人当たり医師数（保険者）	1.868	1.716	0.087	30.004	1.066	1.544	0.058	28.829	[3]
千人当たり医師数（二次医療圏）	12.462	17.792	0.451	183.996	90.100	268.670	0.730	4218.615	[3]
千人当たり医療機関数（保険者）	0.794	0.449	0.303	10.987	0.754	0.564	0.100	10.401	[4]
千人当たり医療機関数（二次医療圏）	4.943	6.093	0.392	47.848	34.702	83.752	0.713	1333.333	[4]
千人当たり病床数（保険者）	16.120	10.245	0.112	137.728	9.547	13.756	0.065	177.190	[4]
千人当たり病床数（二次医療圏）	96.638	120.267	5.465	874.784	759.537	1944.914	0.100	32043.290	[4]
観測値数	791				1015				

注：千人当たり医師数は、前後の年の数値を線形補間している。また、出典は以下の通りである。
[1]「平成17年度 国民健康保険事業年報」厚生労働省.
[2]「平成17年 市区町村別生命表」厚生労働省.
[3]「医師・歯科医師・薬剤師調査」厚生労働省（平成16年、18年版）.
[4]「平成17年度 医療施設調査」厚生労働省.

表 2-2 Cobb-Douglas 型

(A) 市区サンプル

モデル	(i)		(ii)		(iii)	
変数名	Coef/SE		Coef/SE		Coef/SE	
平均余命（0 歳時点）	−0.545	***	−0.550	***	−0.571	***
	0.124		0.141		0.123	
平均余命（65 歳時点）						
事務職員一人当たり総務費	0.008	***	0.008	***	0.008	***
	0.003		0.002		0.002	
被保険者一人当たり保険給付費	1.001	***	0.992	***	0.994	***
	0.040		0.002		0.036	
被保険者数	−0.099	**	−0.102	**	−0.095	***
	0.037		0.046		0.033	
被保険者数 2 乗	0.004	**	0.004	**	0.004	***
	0.002		0.002		0.002	
被保険者一人当たり保健事業費	0.005	***	0.005	***	0.005	***
	0.001		0.001		0.001	
70 歳以上割合	−0.047	***	−0.045	***	−0.045	***
	0.013		0.012		0.011	
標準負担額減額適用者割合	0.000		0.000		0.001	
	0.001		0.001		0.001	
千人当たり医師数（保険者）	−0.013	*	−0.013	*		
	0.008		0.007			
千人当たり医療機関数（保険者）	0.008		0.008			
	0.009		0.010			
千人当たり病床数（保険者）	0.004		0.004			
	0.003		0.003			
千人当たり医師数（二次医療圏）					−0.010	
					0.007	
千人当たり医療機関数（二次医療圏）					0.006	
					0.009	
千人当たり病床数（二次医療圏）					0.006	
					0.010	
定数項	2.846	***	2.939	***	2.968	***
	0.565		0.829		0.539	
観測値数	791		791		791	
クラスター（都道府県）数	47		47		47	
対数尤度	1588.083		1587.842		1583.237	
F 値	F(11,46)= 303.887***		F(10,780)= 23.859***		F(11,46)= 255.664***	
制約	No		Yes		No	
F 値（H$_0$: α1 + α2 = 1）	F(1,46)= 0.05				F(1,46)= 0.01	
MES	83984.41		82160.53		76094.74	

注：推定値の上段は係数推定値，下段は標準誤差である．標準誤差は，都道府県内の保険者の相関を許す clustering

費用関数(基本形)の推定結果

(iv) Coef/SE	(v) Coef/SE	(vi) Coef/SE	(vii) Coef/SE	(viii) Coef/SE
−0.574 ***				
0.150				
	−0.178 **	−0.180 **	−0.196 **	−0.197 **
	0.067	0.072	0.083	0.089
0.008 ***	0.009 ***	0.008 ***	0.009 ***	0.008 ***
0.002	0.003	0.002	0.002	0.002
0.992 ***	1.002 ***	0.992 ***	0.997 ***	0.992 ***
0.002	0.041	0.002	0.037	0.002
−0.096 **	−0.106 ***	−0.109 **	−0.102 ***	−0.104 **
0.039	0.037	0.048	0.033	0.041
0.004 **	0.005 ***	0.005 **	0.005 ***	0.005 **
0.002	0.002	0.002	0.002	0.002
0.005 ***	0.005 ***	0.005 ***	0.005 ***	0.005 ***
0.001	0.001	0.001	0.001	0.001
−0.044 ***	−0.047 ***	−0.045 ***	−0.046 ***	−0.044 ***
0.010	0.013	0.012	0.010	0.010
0.001	0.001	0.001	0.001	0.001
0.001	0.001	0.001	0.001	0.001
	−0.013 *	−0.012 **		
	0.006	0.005		
	0.007	0.007		
	0.009	0.009		
	0.005	0.005		
	0.004	0.003		
−0.009			−0.010	−0.010
0.006			0.007	0.006
0.006			0.003	0.003
0.009			0.008	0.009
0.006			0.009	0.009
0.010			0.011	0.011
3.001 ***	1.021 ***	1.105 ***	1.064 ***	1.111 ***
0.815	0.189	0.380	0.212	0.379
791	791	791	791	791
47	47	47	47	47
1583.215	1584.35	1584.052	1580.517	1580.424
$F(10,780)=$ 21.443***	$F(11,46)=$ 242.928***	$F(10,780)=$ =13.17***	$F(11,46)=$ 214.748***	$F(10,780)=$ 13.661***
Yes	No	Yes	No	Yes
	$F(1,46)=$ 0.06		$F(1,46)=$ 0.02	
75347.52	87850.95	85771.18	80848.70	79311.38

robust standard error. ***, **, *はそれぞれ 1%, 5%, 10% 有意水準で有意であることを示す.

(B) 町村サンプル

モデル	(i)	(ii)	(iii)
変数名	Coef/SE	Coef/SE	Coef/SE
平均余命 (0 歳時点)	−1.063 ***	−0.563 ***	−0.992 ***
	0.332	0.165	0.354
平均余命 (65 歳時点)			
事務職員一人当たり総務費	0.015 ***	0.017 ***	0.016 ***
	0.004	0.005	0.004
被保険者一人当たり保険給付費	0.771 ***	0.983 ***	0.784 ***
	0.077	0.005	0.071
被保険者数	−0.462 ***	−0.505 **	−0.471 **
	0.167	0.199	0.178
被保険者数 2 乗	0.027 **	0.029 **	0.027 **
	0.010	0.012	0.011
被保険者一人当たり保健事業費	0.000	−0.001	0.000
	0.007	0.008	0.007
70 歳以上割合	−0.008	−0.032 **	−0.009
	0.011	0.014	0.011
標準負担額減額適用者割合	0.001	−0.002	0.001
	0.002	0.002	0.002
千人当たり医師数 (保険者)	0.006	0.000	
	0.006	0.005	
千人当たり医療機関数 (保険者)	−0.006	−0.007	
	0.006	0.007	
千人当たり病床数 (保険者)	0.002	0.002	
	0.002	0.002	
千人当たり医師数 (二次医療圏)			−0.003
			0.019
千人当たり医療機関数 (二次医療圏)			0.000
			0.017
千人当たり病床数 (二次医療圏)			−0.002
			0.012
定数項	7.867 ***	4.659 ***	7.534 ***
	2.220	1.268	2.379
観測値数	1015	1015	1015
クラスター (都道府県) 数	47	47	47
対数尤度	1249.289	1181.913	1246.746
F 値	$F(11,46)=$	$F(10,1004)=$	$F(11,46)=$
	222.869***	10.543***	186.747***
制約	No	Yes	No
F 値 ($H_0: \alpha 1 + \alpha 2 = 1$)	$F(1,46)=$		$F(1,46)=$
	8.18***		8.59***
MES	5800.58	5984.74	5588.36

注:表 2-2A を参照.

(iv)	(v)	(vi)	(vii)	(viii)
Coef/SE	Coef/SE	Coef/SE	Coef/SE	Coef/SE
−0.539 ***				
0.184				
	−0.322 ***	−0.235 ***	−0.299 **	−0.219 **
	0.118	0.090	0.120	0.091
0.017 ***	0.016 ***	0.017 ***	0.016 ***	0.017 ***
0.005	0.004	0.005	0.004	0.005
0.983 ***	0.777 ***	0.983 ***	0.789 ***	0.983 ***
0.005	0.077	0.005	0.071	0.005
−0.498 **	−0.454 ***	−0.500 **	−0.467 **	−0.497 **
0.198	0.165	0.197	0.176	0.196
0.029 **	0.026 **	0.029 **	0.027 **	0.028 **
0.012	0.010	0.012	0.010	0.012
−0.001	0.000	−0.001	0.000	−0.001
0.008	0.007	0.008	0.007	0.008
−0.035 ***	−0.010	−0.033 **	−0.011	−0.035 ***
0.013	0.012	0.014	0.012	0.013
−0.002	0.001	−0.001	0.001	−0.002
0.002	0.002	0.002	0.002	0.002
		0.004	0.000	
		0.006	0.005	
		−0.006	−0.007	
		0.006	0.007	
		0.003	0.002	
		0.002	0.002	
−0.014			−0.006	−0.014
0.020			0.018	0.019
0.016			−0.003	0.013
0.014			0.018	0.015
−0.009			0.004	−0.006
0.013			0.011	0.012
4.580 ***	4.092 ***	2.873 ***	4.015 ***	2.861 **
1.515	1.334	1.064	1.395	1.118
1015	1015	1015	1015	1015
47	47	47	47	47
1187.659	1247.63	1183.072	1245.414	1188.6
F(10,1004)=	F(11,46)=	F(10,1004)=	F(11,46)=	F(10,1004)=
6.804***	220.855***	11.012***	172.773***	6.773***
Yes	No	Yes	No	Yes
	F(1,46)=		F(1,46)=	
	7.68***		8.10***	
6177.52	6080.40	6149.46	5785.57	6325.44

も行ったが，非効率項がゼロであるという帰無仮説をいずれも棄却できなかったため，ここではその結果は報告しない．また，医療計画が都道府県ごとに策定されることを踏まえると，都道府県内の保険者の行動にはある程度の相関が存在することが予想される．このことを考慮するために，標準誤差の推定には各都道府県内の保険者の誤差項の相関を許す clustering robust standard error を推定する．分析に用いる変数の記述統計量と出典は表 2-1 の通りである．

2.3 推定結果

2.3.1 基本モデルの推定結果

基本モデル ((4) 式) の推定結果と MES ((5) 式) の推定結果は表 2-2 に示す通りである．パネル (A) は市区サンプル，パネル (B) は町村サンプルの推定結果である．市区・町村のサンプルの違いおよび推定方法の違いに関わらず，多くの共通した傾向が見受けられる．まず，被保険者数については一次項が負，二次項が正に推定されている．この結果は，国保特会は規模の経済性を持つことを示唆している．また，要素価格は正，平均余命は負，70 歳以上割合は概ね負に有意に推定されている．加えて，市区サンプルでは，保健事業費が正，千人当たり医師数（市区）が負で有意に推定されている．

費用関数の一次同次性に関しては，市区サンプルでは $\alpha_1 + \alpha_2 = 1$ の帰無仮説が棄却されない．つまり一次同次であることが認められるが，町村サンプルではこれが全て棄却されている．

MES の推定値に関しては，推定方法によってばらつきはあるものの，市区サンプルでは 75348〜87851 人，町村サンプルでは，5588〜

6325人と推定された．これらは，事務費のみに焦点を当てている湯田（2010b）と比べると，規模が小さい．

2.3.2 拡張モデルの推定結果

拡張モデル（(7) 式）の推定結果とMES（(8) 式）の推定結果は表2-3に示すとおりである．[7] 表2-2と同様に，パネル（A）は市区サンプル，パネル（B）は町村サンプルの推定結果である．基本モデルの推定結果と同様に，市区・町村のサンプルの違いおよび推定方法の違いに関わらず，多くの共通した傾向が見受けられる．まず，被保険者数については一次項が負，二次項が正に推定されており，ここでも国保特会が規模の経済性を持つことを示唆する結果が得られている．また，基本モデルの推定結果と同様に要素価格は正，平均余命は負に有意に推定されている．加えて，市区サンプルでは，保健事業費と被保険者数の交差項が正，70歳以上割合と千人当たり医師数（市区）と被保険者数の交差項がそれぞれ負で有意に推定されている．

費用関数の一次同次性に関しても，基本モデルの推定結果と同様に，市区サンプルでは帰無仮説が棄却されていないが，町村サンプルでは棄却されている．

MESの推定値に関しては，推定方法によってばらつきはあるものの，市区サンプルでは119957～132295人，町村サンプルでは，5822～6885人と，基本モデルのMESよりも多い値が推定された．これらは，事務費のみに焦点を当てている湯田（2010b）と比べると，市区サンプルでは大きいが，町村サンプルでは小さい．

表 2-3 Cobb-Douglas 型

(A) 市区サンプル

モデル	(i)	(ii)	(iii)
変数名	Coef/SE	Coef/SE	Coef/SE
平均余命（0 歳時点）	−0.541 ***	−0.546 ***	−0.570 ***
	0.122	0.139	0.122
平均余命（65 歳時点）			
事務職員一人当たり総務費	0.008 ***	0.008 ***	0.008 ***
	0.003	0.002	0.002
被保険者一人当たり保険給付費	1.000 ***	0.992 ***	0.994 ***
	0.040	0.002	0.037
被保険者数	−0.114 ***	−0.116 **	−0.113 ***
	0.038	0.045	0.036
被保険者数 2 乗	0.004 **	0.004 **	0.004 ***
	0.002	0.002	0.002
定数項	2.990 ***	3.071 ***	3.135 ***
	0.561	0.815	0.547
被保険者数との交差項			
被保険者一人当たり保健事業費	0.000 ***	0.000 ***	0.001 ***
	0.000	0.000	0.000
70 歳以上割合	−0.005 ***	−0.004 ***	−0.004 ***
	0.001	0.001	0.001
標準負担額減額適用者割合	0.000	0.000	0.000
	0.000	0.000	0.000
千人当たり医師数（保険者）	−0.001	−0.001 *	
	0.001	0.001	
千人当たり医療機関数（保険者）	0.001	0.001	
	0.001	0.001	
千人当たり病床数（保険者）	0.000	0.000	
	0.000	0.000	
千人当たり医師数（二次医療圏）			−0.001
			0.001
千人当たり医療機関数（二次医療圏）			0.001
			0.001
千人当たり病床数（二次医療圏）			0.000
			0.001
観測値数	791	791	791
クラスター（都道府県）数	47	47	47
対数尤度	1587.985	1587.779	1583.598
F 値	F(11,46)=	F(10,780)=	F(11,46)=
	298.311***	25.056***	250.372***
制約	No	Yes	No
F 値 ($H_0: \alpha 1 + \alpha 2 = 1$)	F(1,46)=		F(1,46)=
	0.04		0.01
MES			
平均	83385.26	81721.63	73877.38
標準偏差	7903.47	7269.75	6268.72
最小値	53639.84	53738.05	53640.25
最大値	128388.50	124372.40	121614.10

注：表 2-2A を参照.

費用関数（拡張形）の推定結果

(iv)	(v)	(vi)	(vii)	(viii)
Coef/SE	Coef/SE	Coef/SE	Coef/SE	Coef/SE
−0.573 ***				
0.149				
	−0.178 **	−0.180 **	−0.195 **	−0.196 **
	0.067	0.072	0.083	0.088
0.008 ***	0.009 ***	0.008 ***	0.009 ***	0.008 ***
0.002	0.002	0.002	0.002	0.002
0.992 ***	1.001 ***	0.992 ***	0.997 ***	0.992 ***
0.002	0.041	0.002	0.037	0.002
−0.113 ***	−0.121 ***	−0.124 ***	−0.120 ***	−0.122 ***
0.041	0.038	0.047	0.037	0.044
0.004 **	0.005 ***	0.005 **	0.005 ***	0.005 **
0.002	0.002	0.002	0.002	0.002
3.165 ***	1.181 ***	1.255 ***	1.239 ***	1.284 ***
0.826	0.188	0.373	0.212	0.387
0.001 ***	0.000 ***	0.000 ***	0.000 ***	0.000 ***
0.000	0.000	0.000	0.000	0.000
−0.004 ***	−0.005 ***	−0.004 ***	−0.005 ***	−0.004 ***
0.001	0.001	0.001	0.001	0.001
0.000	0.000	0.000	0.000	0.000
0.000	0.000	0.000	0.000	0.000
		−0.001 *	−0.001 **	
		0.001	0.001	
		0.001	0.001	
		0.001	0.001	
		0.000	0.000	
		0.000	0.000	
−0.001			−0.001	−0.001
0.001			0.001	0.001
0.001			0.000	0.000
0.001			0.001	0.001
0.000			0.001	0.001
0.001			0.001	0.001
791	791	791	791	791
47	47	47	47	47
1583.577	1584.409	1584.149	1580.850	1580.757
F(10,780)=	F(11,46)=	F(10,780)=	F(11,46)=	F(10,780)=
22.082***	236.089***	14.502***	211.38***	14.89***
Yes	No	Yes	No	Yes
	F(1,46)=		F(1,46)=	
	0.05		0.02	
73167.06	87274.15	85358.52	78782.51	77235.51
6085.45	7537.08	6884.35	6202.53	5833.74
53462.26	58612.89	58615.85	58410.77	57972.32
119956.70	132295.10	127855.30	124614.80	121216.40

(B) 町村サンプル

モデル	(i)	(ii)	(iii)
変数名	Coef/SE	Coef/SE	Coef/SE
平均余命（0歳時点）	−1.126 ***	−0.620 ***	−1.064 **
	0.372	0.184	0.396
平均余命（65歳時点）			
事務職員一人当たり総務費	0.016 ***	0.017 ***	0.016 ***
	0.004	0.005	0.004
被保険者一人当たり保険給付費	0.769 ***	0.983 ***	0.776 ***
	0.082	0.005	0.078
被保険者数	−0.472 ***	−0.525 **	−0.474 ***
	0.174	0.213	0.176
被保険者数2乗	0.027 **	0.030 **	0.027 **
	0.011	0.013	0.011
定数項	8.202 ***	5.027 ***	7.894 ***
	2.482	1.485	2.613
被保険者数との交差項			
被保険者一人当たり保健事業費	0.000	0.000	0.000
	0.001	0.001	0.001
70歳以上割合	0.000	−0.003	0.000
	0.001	0.001	0.002
標準負担額減額適用者者割合	0.000	0.000	0.000
	0.000	0.000	0.000
千人当たり医師数（保険者）	0.001	0.000	
	0.001	0.000	
千人当たり医療機関数（保険者）	−0.001	−0.001	
	0.001	0.001	
千人当たり病床数（保険者）	0.000	0.000	
	0.000	0.000	
千人当たり医師数（二次医療圏）			0.000
			0.002
千人当たり医療機関数（二次医療圏）			0.000
			0.002
千人当たり病床数（二次医療圏）			0.000
			0.001
観測値数	1015	1015	1015
クラスター（都道府県）数	47	47	47
対数尤度	1248.69	1180.085	1246.924
F値	$F(11,46)=$ 244.789***	$F(10,1004)=$ 11.616***	$F(11,46)=$ 172.946***
制約	No	Yes	No
F値（$H_0: \alpha 1 + \alpha 2 = 1$）	$F(1,46)=$ 7.44***		$F(1,46)=$ 7.76***
MES			
平均	5598.89	5798.65	5407.73
標準偏差	97.25	110.07	68.26
最小値	5301.97	5427.99	5229.00
最大値	6272.77	6340.47	5822.43

注：表2-2A を参照．

2.3 推定結果

(iv)	(v)	(vi)	(vii)	(viii)
Coef/SE	Coef/SE	Coef/SE	Coef/SE	Coef/SE
−0.594 ***				
0.214				
	−0.340 **	−0.253 **	−0.328 **	−0.250 **
	0.135	0.108	0.138	0.114
0.017 ***	0.016 ***	0.018 ***	0.016 ***	0.017 ***
0.005	0.004	0.005	0.004	0.005
0.983 ***	0.775 ***	0.982 ***	0.782 ***	0.983 ***
0.005	0.081	0.005	0.077	0.005
−0.505 **	−0.464 ***	−0.520 **	−0.472 ***	−0.504 **
0.202	0.171	0.210	0.173	0.200
0.029 **	0.027 **	0.029 **	0.027 **	0.028 **
0.012	0.011	0.013	0.011	0.012
4.858 ***	4.205 ***	3.046 ***	4.156 ***	2.992 **
1.688	1.426	1.171	1.450	1.176
0.000	0.000	0.000	0.000	0.000
0.001	0.001	0.001	0.001	0.001
−0.004	0.000	−0.003	0.000	−0.004
0.001	0.002	0.001	0.002	0.001
0.000	0.000	0.000	0.000	0.000
0.000	0.000	0.000	0.000	0.000
	0.000	0.000		
	0.001	0.000		
	−0.001	−0.001		
	0.001	0.001		
	0.000	0.000		
	0.000	0.000		
−0.001			−0.001	−0.001
0.002			0.002	0.002
0.002			−0.001	0.001
0.001			0.002	0.002
−0.001			0.001	0.000
0.001			0.001	0.001
1015	1015	1015	1015	1015
47	47	47	47	47
1183.213	1246.792	1181.32	1245.762	1184.602
F(10,1004)=	F(11,46)=	F(10,1004)=	F(11,46)=	F(10,1004)=
7.67***	233.414***	12.27***	162.649***	8.056***
Yes	No	Yes	No	Yes
	F(1,46)=		F(1,46)=	
	7.03***		7.40***	
6046.16	5877.41	5969.87	5608.68	6210.49
147.22	114.99	118.40	89.73	156.47
5204.24	5579.85	5545.99	5377.42	5496.35
6664.07	6610.23	6578.27	6071.87	6884.97

表 2-4 ρ_i の推定結果

サンプル	観測値数	平均	標準偏差	最小値	最大値
市区	791	0.619	1.011	0.056	13.317
町村	1015	0.959	0.645	0.017	3.600

2.4 考察

本節では，前節で推計された MES と，2005 年時点の実際の被保険者数を比較することによって，実際にどの程度の開きがあるのかを確認する．具体的には，以下の比率 ρ_i を計算する．

$$\rho_i = \frac{Insured_i}{MES_i^*} \qquad (9)$$

ただし，$Insured$ は保険者 i の 2005 年度時点の被保険者数（年度平均）であり，MES^*は各推定式の中でも基本となっているモデル (i) と (v) の MES の平均である．ρ_i が 1 未満であれば，現在の被保険者数が MES に満たない水準でしかなく，1 を超えていれば，MES よりも過大な水準にあることを示す．[8]

表 2-4 には ρ_i の記述統計量がまとめられており，図 2-4 にはその分布が示されている．推定結果と同様に，パネル（A）か市区サンプル，パネル（B）が町村サンプルである．市区サンプルについては，ρ_i が 1 に満たない保険者は 681 ほど存在し，これは全体の 86.1% を占める．一方で，町村サンプルについては，ρ_i が 1 に満たない保険者は 607 ほど存在し，これは全体の 59.8% を占める．つまり，2005 年度時点では，市区の 15% 程度と町村の 4 割程度の保険者しか被保険者規模が MES を上回っていない．このことは，多くの保険者が費用の観点からみた最適な被保険者規模を下回っていることを意味している．

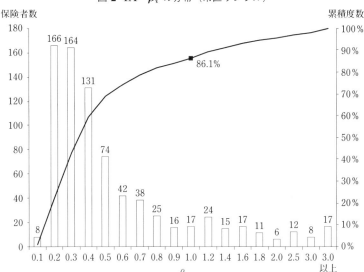

図 2-4A ρ_i の分布（市区サンプル）

注：推定結果より，筆者作成．

次に，上記の MES と，二次医療圏および都道府県の被保険者総数との比較を試みる．具体的には，以下の比率を計算して，その分布を確認する．

$$\rho_{s,i} = \frac{Insured_s}{MES_i^*} \tag{10}$$

$$\rho_{p,i} = \frac{Insured_p}{MES_i^*} \tag{11}$$

ただし，$Insured_s$ は保険者 i を含む二次医療圏内の被保険者総数，$Insured_p$ は保険者 i を含む都道府県内の被保険者総数である．$\rho_{s,i}$ と $\rho_{p,i}$ の記述統計量は表 2-5，$\rho_{s,i}$ の分布は図 2-5，$\rho_{p,i}$ の分布は図 2-6 にそれぞれまとめた通りである．

市区サンプルについては，二次医療圏内の被保険者総数と比較した

図 2-4B ρ_i の分布（町村サンプル）

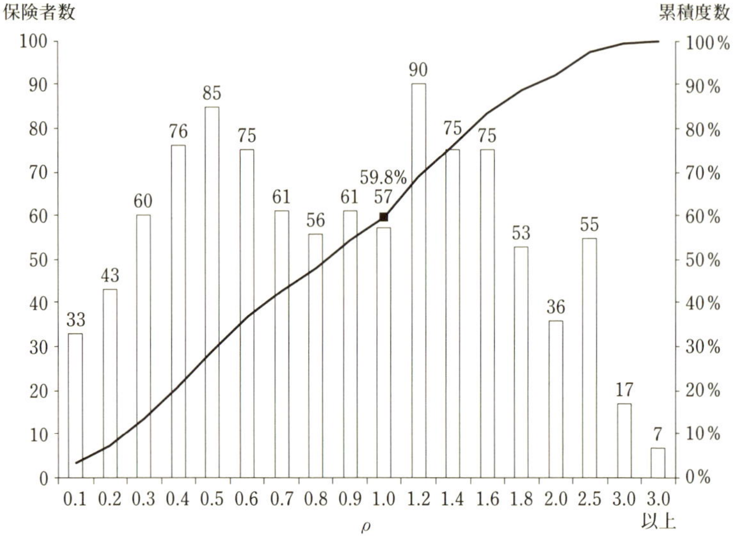

保険者数／累積度数（0.1: 33, 0.2: 43, 0.3: 60, 0.4: 76, 0.5: 85, 0.6: 75, 0.7: 61, 0.8: 56, 0.9: 61, 1.0: 57（59.8%）, 1.2: 90, 1.4: 75, 1.6: 75, 1.8: 53, 2.0: 36, 2.5: 55, 3.0: 17, 3.0 以上: 7）

注：推定結果より，筆者作成．

表 2-5 $\rho_s \cdot \rho_p$ の推定結果

サンプル	ρ	観測値数	平均	標準偏差	最小値	最大値
市区	ρ_s	791	2.389	2.340	0.160	13.632
	ρ_p	791	17.667	14.518	2.426	68.444
町村	ρ_s	1015	22.426	24.550	0.142	195.158
	ρ_p	1015	200.898	149.417	38.597	853.021

場合には，依然として35.7%（282保険者）がMESを下回っているが，都道府県の被保険者数と比較をすると，全ての保険者がMESの水準を上回る．また，町村サンプルについては，二次医療圏内の被保険者総数と比較した場合には，わずか0.1%（1保険者）がMESを下回っているが，都道府県の被保険者数と比較をすると，全ての保険者がMESの水準を上回っている．これらの結果は，国民健康保険を都道府県へと統合・再編することは，保険者規模の問題を解決するのに十分であること

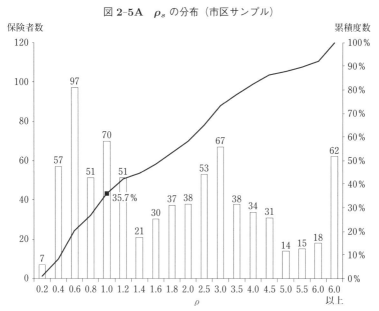

図 2-5A　ρ_s の分布（市区サンプル）

注：推定結果より，筆者作成．

を示唆している．

2.5　おわりに

　国民健康保険の保険者を都道府県単位に再編・統合するという議論が，医療保険制度改革における重要な政策課題の一つになっていることを踏まえて，本章では，前章の分析方法を拡張して，国保特会の支出と被保険者規模という観点から各保険者の最小効率規模を推計し，それと 2005 年度時点の被保険者数との比較を行った．

　『国民健康保険事業年報』の保険者別データで実証分析を行った結果，国保特会の支出は被保険者規模の U 字型の関数であること，つまり，

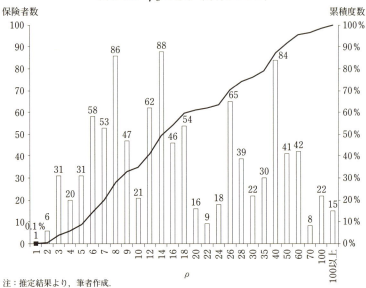

図 2-5B ρ_s の分布(町村サンプル)

注:推定結果より,筆者作成.

国保特会の支出には規模の経済性が存在することを示唆する結果が確認された.このことは,保険者の統合を行うことによって,支出を削減できることを示している.また,推定結果から計算される MES と 2005 年度末時点の被保険者数を保険者ごとに比較した結果,約 86％ の市区保険者と約 6 割の町村保険者が,MES 以下の被保険者規模以下に留まっていることが分かった.加えて,この MES と 2005 年度末時点の二次医療圏および都道府県の被保険者総数とを比較すると,被保険者数が MES に満たない保険者は,前者では約 36％ の市区保険者と約 0.1％ の町村保険者が依然として存在する一方で,後者では皆無であった.これらの結果は,国民健康保険を都道府県単位に統合・再編することは,保険者規模の問題を解決するのに十分なものであるといえる.

最後に,本章における留意点についてまとめておきたい.本章で推定

2.5 おわりに

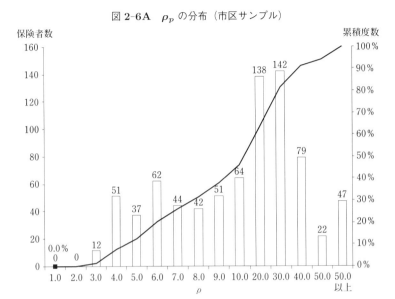

図 2-6A ρ_p の分布（市区サンプル）

注：推定結果より，筆者作成．

されたような平均費用が最小化する規模に保険者が統合されたとしても，そのような統合や再編が，必ずしも代表的個人（被保険者）の効用を最大にするとは限らない．別な言い方をすると，医療保険の再編や統合を考えた場合，被保険者規模は，その重要な要素の一つにすぎず，医療費に対するリスク分散構造や，保険収支の安定性といったものと併せてその是非を判断するものであると思われる．したがって，国保保険者の統合・再編に関しては，本章のような財政側・人口構成側のみからの視点だけではなく，例えば，上述のような医療費のリスク分散構造を考慮した分析や，保険収支の安定性や厚生分析によるシミュレーションを行うことも，今後の重要な研究課題といえるだろう．

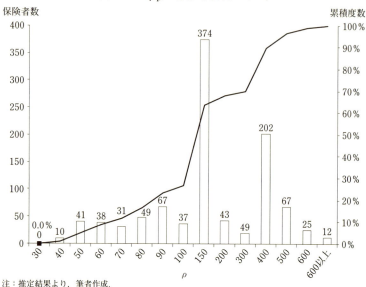

図 2-6B　ρ_p の分布（町村サンプル）

注：推定結果より，筆者作成．

注

1) この他には，Hirota and Yunoue (2008) は，同様の分析を介護保険について行っており，介護保険の総務費に関しても規模の経済性が存在していることを確認している．
2) 2005 年度時点では，複数の市町村から構成される広域連合保険者が 3 つ存在する．具体的には，歌志内市・奈井江町・上砂川町・浦臼町・新十津川町・雨竜町で構成される空知中部広域連合，東川町・美瑛町・東神楽町で構成される大雪地区広域連合（いずれも北海道），そして御坊市・美浜町・日高町で構成される御坊市外三ケ町組合（和歌山県）である．
3) 男女平均．広域連合保険者については，該当市町村の平均値を採用する．
4) 広域連合保険者については，該当市町村の平均値を採用する．
5) (4)・(8) 式の定式化を考えると，非線形最小二乗法（NLS）で個別のパラメーターを推定することが適切であると思われるが，(5)・(9) 式で示しているように，どちらで推定しても MES の推計には影響を与えないため，本章では OLS

で推定している.
6) 広域連合保険者については，歌志内市を含む空知中部広域連合と，御坊市を含む御坊市外三ケ町組合は市サンプルに分類し，大雪地区広域連合は町村サンプルに分類した.
7) 各保険者の MES の推計値は本書の付録に掲載している.
8) 各保険者の ρ_i の推計値は本書の付録に掲載している.

第 3 章
国民健康保険制度における非効率性の検証
―確率フロンティアモデルによるアプローチ

3.1 はじめに

　医療保険制度の発展は，健康水準，生活の質（Quality of life, QOL）ならびに平均寿命の改善に対して大きく貢献してきた．日本においても，1958 年に全面改正された国民健康保険法によって，1961 年より公的な国民皆保険制度が導入され，それまで無保険であった者たちは，市町村の国民健康保険制度に加入することとなった．日本の皆保険制度は，国民が低負担で良質な医療にアクセスすることを可能にし，その結果，日本人の健康水準や平均寿命は，短期間で急速に世界トップクラスにまで改善した（Ikeda, et al., 2011；Ikegami, et al., 2011）．表 3-1 は，この半世紀における先進諸国の平均寿命と GDP に占める医療支出の割合を比較したものであるが，日本の平均寿命は世界最高レベルに達する一方で，近年の GDP に占める医療支出の割合は OECD 諸国の平均を下回っていることが確認できる．

　しかしながら，過去に優れた成果をもたらした日本の皆保険制度は，人口構造や経済的な要因によって，その財政の持続性が危ぶまれている．特に皆保険を根底で支えている国保保険者の多くは財政難に直面している．具体的には，厚生労働省（2015）によれば，2013 年度にお

表 3-1　一部先進国における平均寿命と GDP に占める医療費割合の推移

国	カナダ		フランス		ドイツ		イタリア		日本		イギリス (UK)		アメリカ合衆国		OECD 平均	
	LE	HCE	LE	HCE	LE	HCE	LE	HCE	LE	HCE	LE	HCE	LE	HCE	LE	HCE
1960	—	5.4	70.3	3.8	69.1	—	—	—	67.8	3.0	70.8	3.9	69.9	5.1	67.9	3.8
1970	—	6.9	72.2	5.4	70.6	6.0	—	—	72.0	4.4	71.9	4.5	70.9	7.1	69.8	5.0
1980	75.3	7.0	74.3	7.0	72.9	8.4	74.0	—	76.1	6.4	73.2	5.6	73.7	9.0	72.6	6.6
1990	77.6	8.9	76.9	8.4	75.3	8.3	77.1	7.7	78.9	5.8	75.7	5.8	75.3	12.4	74.8	6.9
2000	79.0	8.8	79.2	10.1	78.2	10.4	79.9	7.9	81.2	7.6	77.9	7.0	76.7	13.7	77.1	7.8
2005	80.1	9.8	80.3	11.0	79.4	10.8	80.8	8.7	82.0	8.2	79.2	8.3	77.4	15.8	78.5	8.7
2010	—	11.4	81.8	11.7	80.5	11.5	82.4	9.4	82.9	9.6	80.7	9.6	78.7	17.7	79.8	9.5

注：LE は平均寿命の男女平均（単位は歳），HCE は GDP に占める医療費の割合（単位は %）を示す．
出典は *OECD Health Statistics 2013* (http://www.oecd.org/els/health-systems/oecdhealthdata2013-frequentlyrequesteddata.htm) である．

いては，全体の 52.7% にあたる 905 保険者が財政赤字に陥っており，その中の 486 保険者は，前年に引き続き財政赤字に陥っている．また，厚生労働省（2015）によれば，市町村の一般会計からの法定外の繰入金（資金移転）を除くと，2013 年度の国保保険者の財政赤字の総額はおよそ 3140 億円に及ぶとされている．将来，さらなる国保財政の悪化によって，国保が機能不全に陥るような深刻な状況になることを防ぐために，厚生労働省は現在，都道府県レベルへの保険者の統合や高齢者医療制度改革などの制度改革を進めている．

こうした国保の深刻な財政状況は，加入者の高齢化，低所得加入者の増加，小規模保険者数の増加，保険料収納率の低下，医療費や保険料の地域間格差などの様々な要因による帰結であると指摘されている（山田，1998；岸田，2002；泉田，2003b；厚生労働省保険局国民健康保険課，2006；湯田，2010b）．加えて，中央政府・地方政府からの巨額の補助金が国保保険者に提供されている（湯田・岩本・鈴木・両角，2012）ために，ソフトな予算制約の問題，すなわち自身の費用効率を改善しようとするインセンティブをほとんど持たない問題を抱えている保険者も存在するといわれている（田近・油井，1999；鈴木，2001，Yoshida and Kawamura，2008）．さらに，患者による頻回受診や医療供給者による過剰な医療提供などの双方のモラルハザードが財政状況を悪化させるような過度な医療費の発生につながっているという指摘もある（湯田，2010b；Bates, Mukherjee, and Santerre, 2010）．

以上のような背景を踏まえて，本章では，国保保険者の財政状況に影響を与える要因を検証している．こうした課題については，すでに国保保険者の費用関数を推定することで分析した先行研究がいくつか存在する．田近・油井（1999）は，1997 年度の 5 県にわたる 495 国保と

老人保健制度のバランスシートをもとに,保険者の費用構造を検証している.最小二乗推定の結果,保険料収入のシェアの増加は,医療給付費の総額に負で有意な影響を与えることを確認している.また,中央・地方政府からの補助金は,近年の保険料収納率の低下による国保保険者の財政赤字を穴埋めしていることから,これらの結果は,保険者に対するより手厚い財政支援が,医療費の高騰を招いたことを示唆するものであるとしている.その上で,田近・油井(1999)は,現行制度は,保険料収入の確保方法の改善や医療サービス配分の効率性の向上を妨げている可能性があると結論づけている.鈴木(2001)は1994年から1996年における大阪府内の44国保保険者のデータを用いて,補助金が国保財政に与える影響を検証している.費用関数の推定結果から,財政状況が深刻な保険者ほど多くの補助金を受け取っている傾向があることを明らかにしている.Yoshida and Kawamura (2008) は,市町村国保と介護保険の異なる予算制度の違いがモラルハザードの大きさの違いを生じさせるかどうかを検証している.市町村データを費用関数の確率フロンティアモデルで推定した結果,ソフトな予算制約の問題は介護保険よりも国保の方が深刻で,それは被保険者の過大な医療需要によるものであることと明らかにしている.また,この結果は,医療サービスの健康成果に対する限界効果は,介護保険よりも国保の方が低いことを示唆しているとしている.近年では,Bates, Mukherjee, and Santerre (2010) が,アメリカ合衆国の都市部レベルのデータを包絡分析法 (Data envelopment analysis, DEA) と多重回帰分析を用いて,医療保険が医療サービス生産の技術効率性に与える影響を推定している.その結果,医療保険のカバー範囲は非効率性を生じさせているが,この効率性の損失は相対的に小さいことを明らかにしている.

3.1 はじめに

しかしながら，上述の日本の先行研究には分析上の問題が存在する．第一の問題は，先行研究で定義されている「費用関数」には，生産物や要素価格に相当する変数が含まれていない点である．これは，費用関数を（経済学的な意味で）適切に推定するうえで致命的な欠点である．加えて，推定式における大半の外生変数には，理論的な正当性がないことも問題である．したがって，これらの結果を経済学的な観点から解釈することは困難であると言わざるを得ない．第二の問題は，先行研究における推定式には国保保険者の業務遂行に影響を与える様々な財政変数が含まれていない点である．つまり，推定式の説明変数が，誤差項に含まれる観察不可能な要因と相関している可能性があるため，推定値にはバイアス（欠落変数バイアス）が含まれている可能性がある．

本分析の貢献は，保険者レベルのパネルデータと先行研究における致命的な分析上の問題を克服する経済モデルを使って，国保保険者の費用非効率性をより精確に推定していることである．特に，日本の先行研究ではパネルデータ分析が行われていないので，保険者の観察できない要因に関する異質性が考慮されていない．本章では，保険者レベルのパネルデータ（2005 年と 2010 年）を用いることで，この問題に対応する．時系列的な側面を有するパネルデータを用いることによって，2008 年4 月に実施された 75 歳以上の高齢者を対象とした医療制度改革（後期高齢者医療制度の導入）の効果を評価することもできる．後期高齢者医療制度は，老人保健制度に代わって導入されたものであるが，医療費の10% 分が全ての高齢者による保険料拠出で賄われるようになったため，国保保険者の財政負担が軽減された可能性がある．本章の分析結果によれば，この制度改革によって保険者の費用効率性が改善されたことが示されている．加えて，非効率性分析にパネルデータを用いることは，い

わゆる Green problem（Green, 1980）を解決するうえでも有用である．

本章の分析では，国保保険者の様々な特性を考慮したうえで，国保財政に悪影響をもたらす要因を包括的に検証している．短期間で国保制度が抱える諸問題を全て解決することは不可能であると考えられるが，本章の結果は将来の国保改革に対して重要な政策的含意を提供することが期待できる．さらに，日本は世界で最も高齢化が進んでいる国であることを踏まえると，日本の経験は皆保険制度を持ちこれから本格的な高齢化を迎える他国にとっても，本分析の結果は重要な知見となるだろう．

本章の構成は以下の通りである．2 節では推定戦略について解説する．3 節では，計量経済モデルとデータについて述べる．4 節では推定結果を報告する．5 節は本章のまとめである．

3.2 推定戦略

本分析では，Aigner, Lovell, and Schmidt（1977）と Meeusen and van den Broeck（1977）で提唱された確率フロンティアモデルを用いて，構造的な要因が国保保険者の経済的非効率性に与える影響を推定する[1]．このアプローチでは，利潤最大化または費用最小化を仮定した生産関数や費用関数が推定されるが，このモデルにおける各経済主体は非効率性のために効率的な生産を行わないことが許容されている．

元のモデルが trans-log 関数のような単一の方程式である場合には，多くの推定すべき未知パラメーターが存在するため，理論的には，シェパードの補題から導出されるシェア方程式群を seemingly unrelated regression（SUR）モデルで推定することで，より効率的なパラメーターを得ることができる．しかしながら，シェア方程式群を用いたアプロー

チには 2 つの重要な分析上の問題が存在する．第一に，基本的な費用フロンティアモデルを用いた場合に，諸要因の非効率性に与える因果効果を推定することができない．これは，より効果的な制度設計や制度改革を考える際においてきわめて重要である．この問題に対して，本章では，Battese and Coelli（1995）が提案したモデル，すなわち，非効率項が説明変数群の線形関数と仮定したモデルを採用する．

$$\ln c_{it} = \alpha_0 + \alpha_y \ln y_{it} + \sum_{j=1}^{J} \alpha_j \ln w_{itj} + v_{C,it} + u_{C,it} \qquad (1)$$

ただし，c_{it} は t 年における経済主体 i の費用，y_{it} は生産物，w_{it} は要素価格，$v_{C,it}$ は誤差項で $v_{C,it} \sim iid\,N(0, \sigma_{v_C}^2)$ に従い，また説明変数群とは相関しないと仮定する．また，$u_{C,it}$ は非負の非効率項であり $u_{C,it} \sim iid\,N^+(\mu_{it}, \sigma_{u_C}^2)$ に従うと仮定し，以下のように定義される．

$$\mu_{it} = \sum_{k=1}^{K} \beta_k z_{itk} \qquad (2)$$

ただし，z_{it} は非効率性に影響を与える説明変数群である．

第二の問題は，上述の Battese and Coelli（1995）の定式化も含む費用フロンティアモデルは技術非効率性と配分非効率性の複合効果を含んでいること，すなわち Greene problem[2]（Green, 1980）を解決する必要がある．これら 2 種類の非効率性を識別することは，効果的な政策・制度設計を行うためにきわめて重要である．例えば，推定式（1）・（2）の実証結果が，人口の高齢化が費用非効率の大きな要因であったことを示唆するものであったとしても，それが，財政に与える負の効果（技術非効率性）に起因するものか，インセンティブを歪める高齢者の医療利

用に対する補助政策（配分非効率性）に起因するものかを識別することができない．

Greene problem を解決するためには，双対な生産関数と費用関数からなる連立方程式体系を推定することによって，費用非効率性を技術非効率性と配分非効率性に分解する必要がある．本章では，Schmidt and Lovell（1979）にしがたって，single-output Cobb-Douglas 型生産関数を以下のように特定化する．[3)]

$$\ln y_{it} = \gamma_0 + \sum_{l=1}^{L} \gamma_l \ln x_{itl} + v_{P,it} - u_{P,it} \qquad (3)$$

ただし，x は投入物であり，$v_{P,it}$ は $v_{P,it} \sim iid\,N(0, \sigma_{v_P}^2)$ に従う誤差項，そして $u_{P,it}$ は非負の output-oriented な技術非効率項で，$u_{P,it} \sim iid\,N^+(0, \sigma_{u_P}^2)$ に従うものとする．もし，生産者（保険者）が所与の生産水準を生産する際に費用最小化を行うと仮定すると，費用最小化問題の一階の条件は，(3) 式と以下の L − 1 個の一階の条件の方程式群からなるシステム体系として表される．

$$\ln \left(\frac{w_{it1} x_{it1}}{w_{itl} x_{itl}} \right) = \ln \left(\frac{\gamma_1}{\gamma_l} \right), \qquad l = 2, ..., L. \qquad (4)$$

$\eta_{it} \sim iid\,N(0, \sigma^2)$ に従うと仮定した投入物に関する配分非効率項 η_{it} を (4) 式に加えると，

$$\ln \left(\frac{w_{it1} x_{it1}}{w_{itl} x_{itl}} \right) = \ln \left(\frac{\gamma_1}{\gamma_l} \right) + \eta_{itl}, \qquad l = 2, ..., L. \qquad (5)$$

となる．また，Cobb-Douglas 型関数は self-dual なので，(3) 式に対応する費用関数は以下のように導出できる．

$$\ln c_{it} = \gamma_0 + \frac{1}{r}\ln y_{it} + \sum_{j=1}^{J}\left(\frac{\gamma_j}{r}\right)\ln w_{itj} - \frac{v_{P,it}}{r}$$
$$+ \frac{u_{P,it}}{r} + (A_{it} - \ln r) \quad (6)$$

ただし，

$$r = \sum_{l=1}^{L}\gamma_l. \quad (7)$$

$$A_{it} = \frac{1}{r}\sum_{l=2}^{L}\gamma_l \eta_{itl} + \ln\left[\gamma_1 + \sum_{l=2}^{L}\gamma_l \exp(-\eta_{itl})\right]. \quad (8)$$

である．この場合，技術非効率性（TIE）と配分非効率性（AIE）は以下のように与えられる．

$$TIE_{it} = \exp\left(\frac{u_{P,it}}{r}\right) \quad (9)$$

$$AIE_{it} = \exp(A_{it} - \ln r). \quad (10)$$

また，総費用非効率性（CIE）は以下のように表される．

$$CIE_{it} = TIE_{it} \times AIE_{it}. \quad (11)$$

これらの非効率性は（3）式の推定結果を用いることで計算することができる．なお，ここでは鈴木（2001）の分類に従って，保険者の責によらない財政悪化要因は技術非効率性，保険者の責による財政悪化要因は配分非効率性と定義する．例えば，前者には加入者の高齢化や保険者の規模などが含まれ，後者には保険料収納率や補助金によるソフトな予算制約の問題などが含まれる．患者による過剰な医療利用や医師などによる誘発需要といったモラルハザードは，主に技術非効率性に含まれる

とみなすことができる．ただし，不要な医療提供の請求の返戻は，個々の保険者や支払基金による審査の結果によるものなので（Yuda, 2013），その部分は配分非効率性に含まれる．

本分析では，まず諸要因が費用非効率性に与える因果効果を検証するために，(1)・(2) 式をベースにした費用フロンティアモデルを推定する．次に，(3) 式の推定結果を使って，分解された技術非効率性と配分非効率性を推定する．最後に，これらの推定結果に対して包括的な解釈を与える．

3.3 実証モデルとデータ

3.3.1 本分析における生産物と投入物の概念

信頼性の高い効率性分析を行うために重要なことは，生産物および投入物とそれに対応する要素価格の定義に細心を払うことである．なぜならば，モデルが正しく特定化されていなければ，分析結果は無意味で誤った結論を導いてしまうためである．しかしながら，保険システムの成果は多元的であるため，保険者から提供されるサービス量の適切な代理変数は困難である．本分析では，民間保険会社の経営効率性分析を解説している Cummins and Weiss（2011）[4] を参考にして，それを修正したアプローチを採用する．その理由は，国保制度は準市場（Le Grand, 2007）において市町村が保険者として運営をしている公的医療保険であるためである．

主な生産物の代理変数は，市町村国保の特別会計における純収入を用いる．純収入は国保の財政状況を示す最も適切な指標であると考えられ，また，この変数を生産物の代理変数として選択することは，保険の

経済理論とも整合的である (Cummins and Weiss, 2011). もう一つの生産物の代理変数として，平均寿命を考える．平均寿命は国や地域レベルの健康の成果を測る指標として幅広く採用されている変数であるが，ここで，市町村の平均寿命を用いることについては一定の留意が必要である．その理由は，それぞれの市町村の住人全てが国保の被保険者ではないため，彼らの実際の平均寿命とここでの市町村全体の平均寿命には差がある可能性があるためである．

投入物に関する変数は，労働・資本・サービスの3つの主要なグループに大別できる (Cummins and Weiss, 2011). この中で，公的医療保険の保険者から提供されるサービスは定義することや定量化することが困難であるため，本章の分析では，労働と資本に関する変数を説明変数として用いる．労働については，市町村国保の事務職員数，医師数および医療機関数を用いる．日本では，医療機関に勤める医師は経済主体として独立しているわけではなく，医療機関の生産要素の一部として医療サービスを提供している．それゆえに，医療機関への保険給付費は，個々の医師へ直接支払われるわけではなく，医師によるサービスの対価として支払われる（橋本・泉田，2016, p.13). なお，2013年度の医療機関に対する支払額が国保制度の総費用に占める割合はおよそ65%を占めている（厚生労働省，2015). また，資本の代理変数には，効率性分析でよく採用されている個々の保険者の自己資本を用いる (Cummins and Weiss, 2011).

事務の労働投入に対する要素価格は，事務職員一人当たりの総務費を用いる．また，医師と医療機関に対する要素価格には，それぞれの保険給付率を用いる．資本に関しては，自己資本の期待市場収益がその費用の指標としては望ましいが (Cummins and Weiss, 2011), 国保保険者は

配当収益を生み出すことを目的とはしていないので，その代わりに国保財政の負債額を用いる．

3.3.2 データ

本分析で使用する主なデータは，2005年・2010年の厚生労働省の『国民健康保険事業年報』に収載されている保険者別データである．この統計では，加入者構成や会計・財政状況および保険給付の内訳などといった詳細な保険者属性がまとめられている．ここでは，他の公的統計から得られる市町村属性に関する変数をマージさせたデータセットを分析に用いる．本分析の観測値数は3410であり，これには使用変数に欠損値を含む保険者は除かれている．また，全ての金額は消費者物価指数を用いて2010年価格に調整されている．表3-2には記述統計量とそれぞれのデータソースがまとめられている．純収入の平均額は約800万円であるが，サンプルのおよそ30%は純収入がマイナスになっている．平均寿命の平均は82.5歳であり，被保険者一人当たり歳出の平均は約4000円である．投入物それぞれの平均は，事務職員数が10.1人，医療機関数が102.4箇所，医師数が216.0人である．事務職員一人当たり総務費の平均は約85万円で，医療機関当たりの保険給付額は約600万円，医師一人当たりの保険給付額は約460万円である．負債額の平均は約32億円である．

加えて，表3-2では厚生労働省保険局国民健康保険課（2006）や先行研究（山田，1998；岸田，2002；泉田，2003b；湯田，2010b；田近・油井，1999；鈴木，2001；Yoshida and Kawamura, 2008）で指摘されている医療保険の非効率性に影響を及ぼすと考えられる説明変数の記述統計も報告している．

表 3-2　記述統計量

変数	平均	標準偏差	最小値	最大値	出典
内生変数					
国保特会における純収入（百万円）	8.071	139.686	−6746.042	1143.406	[1]
平均寿命	82.530	0.820	79.400	85.050	[2]
被保険者一人当たり歳出（百万円）	0.035	0.006	0.017	0.102	[1]
生産関数における投入物					
事務職員数	10.146	22.129	0.000	573.500	[1]
医療機関数	102.393	294.446	0.000	5769.000	[1], [3]
医師数	215.988	663.685	1.000	11349.000	[1], [4]
自己資本（×10）	0.000	0.000	0.000	0.000	[1]
投入物に対応する要素価格（百万円）					
事務職員当たり総務費	0.851	0.624	0.000	15.367	[1]
医療機関当たり保険給付額	6.038	2.225	0.245	36.769	[1], [3]
医師一人当たり保険給付額	4.646	3.146	0.078	49.122	[1], [4]
負債額	3226.783	102.943	1.000	3915.659	[1]
その他外生変数					
市区ダミー	0.477	0.500	0.000	1.000	[1]
2010 年度ダミー	0.500	0.500	0.000	1.000	[1]
退職者割合	13.736	9.327	0.506	51.119	[1]
被保険者数（千人）	21.197	50.332	0.097	941.021	[1]
歳入に占める調整交付金比率	0.773	0.952	0.000	10.057	[1]
歳入に占める都道府県交付金比率	0.442	0.504	0.007	3.434	[1]
歳入に占める市町村繰入金比率	1.064	1.568	0.007	15.585	[1]
法定外繰入金比率	17.367	21.973	0.000	88.555	[1]
歳入に占める共同事業交付金比率	0.939	1.375	0.003	11.681	[1]
保険料収納率	91.772	4.049	71.944	100.000	[1]
高齢者医療制度拠出金（百万円）	113.192	292.117	0.419	6710.767	[1]
千人当たり医師数（医師密度）	1.544	1.602	0.104	30.028	[4], [5]
千人当たり歯科医師数（歯科医師密度）	0.658	0.831	0.043	33.068	[4], [5]
千人当たり病床数（病床密度）	10.489	8.415	0.022	106.025	[4], [5]
観測値数			3410		

注：平均余命は男女の平均である．調査年でない年のものは，前後の年のデータで線形補完している．出典は以下の通りである．
[1] 厚生労働省『国民健康保険事業年報』，2005・2010 年度．
[2] 厚生労働省『生命表』，2005・2010 年度．
[3] 厚生労働省『医療施設調査』，2005・2010 年度．
[4] 厚生労働省『医師・歯科医師・薬剤師調査』，2004・2006・2010 年度．
[5] 総務省『国勢調査』，2005・2010 年度．

まず，市区ダミーは，人口構造や保険者規模，地方政府の財政状況，医療資源などといった都市部と地方において国保財政の非効率性に影響を及ぼしうる様々な違いを捕らえるダミー変数である（湯田，2010b）．

これ以外の変数は，被保険者の人口構造・国保制度の財政状況・医療サービス市場の特性の3つに分類される．人口構造に関する重要な変数は，総数に占める退職者の割合であり，これは被保険者の高齢化の代理変数である．退職を期に，多くの人々が被用者保険から国保に移行するため，国保加入者の平均年齢は被用者保険の加入者の平均年齢よりも高い．加入者の高齢化は，医療費の増加をもたらし，それは保険の財政状況に悪影響を及ぼす．人口構成には，被保険者数とその二乗も含まれる．これらの変数は，規模の経済の効果を捉えるものである．保険者の規模が大きいことは財政の安定に寄与し，それは非効率性に与える影響を緩和させると考えられる．

財政状況に関する変数には，5種類の補助金と保険料収納率および高齢者医療制度（2007年度までは老人保健制度，それ以降は後期高齢者医療制度）への拠出金が含まれる．国保の歳入のおよそ半分が中央・地方政府からの補助金によって賄われている．これらの補助金は，保険財政の安定に寄与する一方で，ソフトな予算制約の問題を引き起こす要因になっていることが指摘されている（田近・油井，1999；鈴木，2001；Yoshida and Kawamura, 2008）．

国保特会における補助金にはそれぞれ異なった目的がある．調整交付金と都道府県支出金は保険者間の財政の不均衡を修正することを目的とした補助金であり，共同事業交付金は高額な医療費の発生に対する再保険による歳入である．一方で，市区町村の一般会計からの繰り入れは法定分と法定外分の2種類に分類される．法定分の繰り入れは財政状況を安定化させるため繰り入れられる補助金であるが，法定外分は主として財政赤字の穴埋めに用いられる補助金である．法定外の繰り入れの財源は地方税であることを踏まえれば，この法定外の繰り入れは保険の理

念に反するものである．別な言い方をすると，この補助金は事実上，地方税納税者から国保被保険者への所得移転となっている．したがって，この変数はソフトな予算制約問題の深刻さを示す代理変数となる．保険料収納率は調停額に占める収納額の割合である．保険料収納率が低いことは，必要とする金額を徴収できないことを示すので，それは国保財政に悪影響を及ぼす．

国保財政に影響を及ぼすもう一つの要因は，高齢者医療制度への拠出である．日本の急速な高齢化は高齢者に代わって支払われる医療給付費を増加させており，これが保険者の財政を悪化させている．実際に，近年この負担は次第に増加しており，被用者保険も含む公的医療保険者全体に対して深刻な財政問題を直接的に生じさせている（厚生労働省，2014a）．

医療サービス市場環境に関する変数には，医師密度，歯科医師密度，病床密度が含まれる（いずれも 1000 人当たり）．これらの密度の増加は医療へのアクセスを改善させると考えられるが，患者や医療提供者によるモラルハザードのような不必要な医療利用を増加させることで医療保険給付の支払は増えるかもしれない[5]．

3.3.3 費用フロンティアモデル

(1)・(2) 式をもとにした費用フロンティアモデルを以下のように特定化する．

$$\ln(c_{it}) = \alpha_0 + \alpha_y \ln(y_{it}) + \sum_j^J \alpha_j \ln(w_{j,it}) + \alpha_t year_t$$
$$+ \alpha_c city_i + v_{C,it} + u_{C,it} \tag{12}$$
$$\mu_{it} = \sum_k^K \beta_k \ln(z_{k,it}) \tag{13}$$

ただし，$\ln(c_{it})$ は t 年における市町村国保保険者 i の被保険者一人当たりの歳出の対数値であり，$\ln(y_{it})$ は保険者 i の生産物の代理変数で，国保特会の純収益またはゼロ歳時点の平均余命（つまり平均寿命）である．要素価格 $\ln(w_j)$ には，事務職員一人当たりの総務費の対数値（$j=1$），医療機関当たりの保険給付額（$j=2$），医師一人当たりの保険給付額（$j=3$）および負債額（$j=4$）が含まれる．

$year$ は 2010 年のサンプルに 1，2005 年のサンプルに 0 をとるダミー変数である．$city$ は市区保険者に 1，町村保険者に 0 をとるダミー変数である．

$\ln(z_{ij})$ には，人口構成，財政状況，市場環境を示す被説明変数の対数値が含まれている．z に含まれる変数が保険者の財政状況に悪影響をもたらす（例えば，ソフトな予算制約問題やモラルハザードなど問題）のであれば，(13) 式のパラメーターは負値が推定される．逆に，財政状況を改善させる要因のパラメーターは正に推定される[6]．

3.3.4 生産フロンティアモデル

(3) 式に基づいた生産フロンティアモデルは以下のように特定化される．

3.4 推定結果

$$\ln(y_{it}) = \gamma_0 + \sum_l^L \alpha_l \ln(x_{l,it}) + \alpha_t year_t + \alpha_c city_i + \xi_i + v_{P,it} - u_{P,it} \tag{14}$$

ただし，ln (x_l) は生産に対する投入物の対数値で，市町村国保の事務職員数，医療機関数，医師数，そして保険者の自己資本が含まれる．これに加えて，市区ダミー，年効果および個々の保険者の固定効果（ξ_i）が含まれる．(14) 式で推定されたパラメーターをもとに，技術非効率性と配分非効率性を計算し，それらに解釈を与える．

3.4 推定結果

本節では，費用・生産フロンティアの推定結果を報告する．2 年間の保険者レベルのパネルデータを使ってこれらの式を推定する際に，非効率項の推定にバイアスを生じさせる問題，つまり非効率項と観察されない異質性を識別しなければならないという問題に直面する（Greene, 2005a, b）．この問題に対する一般的な対処方法は Greene（2005a）が提唱した true fixed effects モデルを用いることであるが，このモデルはパネルデータの時系列要素が十分に長い（T $\geq$ 10）際に適切であることが指摘されている（Belotti and Ilardi, 2012；Belotti et al., 2013）．したがって，ここでは，Battese and Coelli (1995) の費用フロンティア関数[7]と Greene (2005a)[8] の true random effect 生産関数を用いる．

3.4.1 費用フロンティアモデルの推定結果

表 3-3 には，費用フロンティアモデルの推定結果がまとめられている．2 つの生産物それぞれに対して，医療機関当たりの保険給付額のみ

表 3-3 費用フロンティアモデルの推定結果

生産物	国保特会純収入				平均寿命			
	Coef/SE	Coef/SE	Coef/SE	Coef/SE	Coef/SE	Coef/SE	Coef/SE	Coef/SE
費用関数								
生産物	−0.010	−0.054 ***	−0.076 ***	−0.076 ***	−0.540 ***	−0.113	0.449 **	0.435 **
	0.015	0.017	0.016	0.016	0.261	0.244	0.197	0.196
事務職員一人当たり総務費	0.005 **	0.004 **	0.006 ***	0.006 ***	0.005 ***	0.005 ***	0.006 ***	0.006 ***
	0.002	0.002	0.002	0.002	0.002	0.002	0.002	0.002
医療機関当たり保険給付額		0.033 ***		−0.011		0.030 ***		−0.009
		0.003		0.008		0.009		0.008
医師一人当たり保険給付額			0.158 ***	0.164 ***			0.173 ***	0.178 ***
			0.012	0.013			0.012	0.013
負債額	−0.035 *	0.023	0.040 *	0.040 *	−0.045 ***	−0.045 ***	−0.036 ***	−0.036 ***
	0.020	0.023	0.021	0.021	0.012	0.011	0.012	0.012
市ダミー	−0.002	0.002	0.000	−0.001	0.000	0.003	−0.001	−0.002
	0.005	0.006	0.005	0.005	0.005	0.006	0.005	0.005
2010年度ダミー	0.217 ***	0.197 ***	0.221 ***	0.220 ***	0.233 ***	0.229 ***	0.213 ***	0.212 ***
	0.014	0.014	0.014	0.014	0.012	0.013	0.016	0.016
定数項	−3.425 ***	−4.053 ***	−4.385 ***	−4.375 ***	−0.956	−2.899 ***	−5.827 ***	−5.753 ***
	0.184	0.237	0.205	0.202	1.135	1.054	0.866	0.859
非効率項								
退職者比率	0.129 ***	0.129 ***	0.138 ***	0.137 ***	0.129 ***	0.137 ***	0.136 ***	0.135 ***
	0.007	0.007	0.006	0.006	0.007	0.008	0.006	0.006
被保険者数	−0.743 ***	−0.770 ***	−0.695 ***	−0.693 ***	−0.728 ***	−0.738 ***	−0.615 ***	−0.613 ***
	0.021	0.021	0.023	0.023	0.022	0.021	0.016	0.016
被保険者数二乗	0.019 ***	0.018 ***	0.016 ***	0.015 ***	0.019 ***	0.020 ***	0.017 ***	0.016 ***
	0.001	0.001	0.001	0.001	0.001	0.001	0.001	0.001
調整交付金比率	0.039 ***	0.030 ***	0.024 ***	0.024 ***	0.037 ***	0.037 ***	0.023 ***	0.023 ***
	0.006	0.004	0.003	0.003	0.006	0.007	0.003	0.003
都道府県支付金比率	0.043 **	0.057 ***	0.034 **	0.033 **	0.038 **	0.050 ***	0.031 *	0.029 *
	0.018	0.017	0.016	0.016	0.018	0.018	0.016	0.016
市町村繰入金比率	0.099 ***	0.094 ***	0.077 ***	0.076 ***	0.099 ***	0.098 ***	0.075 ***	0.074 ***
	0.010	0.009	0.008	0.008	0.010	0.010	0.009	0.009

3.4 推定結果

	(1)	(2)	(3)	(4)	(5)	(6)	(7)	(8)
法定外繰入金割合	−0.011 ***	−0.012 ***	−0.009 ***	−0.009 ***	−0.011 ***	−0.012 ***	−0.009 ***	−0.009 ***
	0.001	0.001	0.001	0.001	0.001	0.001	0.001	0.001
共同事業交付金比率	0.167 ***	0.165 ***	0.140 ***	0.141 ***	0.163 ***	0.160 ***	0.140 ***	0.140 ***
	0.008	0.008	0.009	0.009	0.008	0.008	0.009	0.009
保険料収納率	0.371 ***	0.149 ***	0.121 ***	0.120 ***	0.396 ***	0.087 ***	0.100 ***	0.099 ***
	0.055	0.025	0.023	0.022	0.054	0.016	0.017	0.017
高齢者医療拠出金	0.336 ***	0.316 ***	0.299 ***	0.299 ***	0.341 ***	0.332 ***	0.298 ***	0.298 ***
	0.021	0.017	0.017	0.017	0.020	0.020	0.017	0.017
医師密度	0.002	0.010 ***	0.117 ***	0.119 ***	0.003	0.009 ***	0.125 ***	0.127 ***
	0.004	0.004	0.010	0.010	0.004	0.004	0.009	0.010
歯科医師密度	0.008	0.018 ***	0.066 ***	0.064 ***	0.008	0.017 ***	0.069 ***	0.068 ***
	0.006	0.006	0.007	0.007	0.006	0.007	0.007	0.007
病床密度	0.007 ***	0.006 ***	0.002	0.002	0.007 ***	0.007 ***	0.002	0.002
	0.002	0.002	0.002	0.002	0.002	0.002	0.001	0.001
σu	−6.146 ***	−5.778 ***	−8.131 ***	−7.990 ***	−6.343 ***	−6.381 ***	−8.012 ***	−8.078 ***
	0.282	0.393	2.247	1.956	0.350	0.334	2.283	2.439
σv	−5.542 ***	−5.860 ***	−5.307 ***	−5.316 ***	−5.461 ***	−5.442 ***	−5.321 ***	−5.318 ***
	0.145	0.411	0.140	0.141	0.143	0.132	0.139	0.139
観測値数	3410	3410	3410	3410	3410	3410	3410	3410
対数尤度	3937.546	3951.306	4113.492	4115.189	3940.781	3933.589	4122.997	4124.196
χ^2 統計量	547.508 ***	490.766 ***	536.551 ***	546.456 ***	465.367 ***	390.034 ***	428.411 ***	432.479 ***

を入れたモデル，医師一人当たりの保険給付額，その双方を入れたモデルを推定している．生産物や説明変数の組合せに関わらず，推定結果はほとんど変わらない．

生産物変数はほとんどのモデルにおいて有意に推定されている．純収益の係数は負で有意に推定されている．これは，国保特会において，低い費用は高い純収益と関係があることを示している．一方で平均寿命に関しては一致した結果は得られていない．事務職員の総務費は全ての推定式において正で有意に推定されている．さらに，医療機関当たり・医師一人当たりの保険給付費は一般的には正で有意に推定されている．要素価格の上昇は保険者の純収益に悪影響を及ぼすと考えられるので，これらの結果は予想通りであるといえる．しかしながら，負債額の係数は平均寿命を含む式では負で有意であるが，純収益を含む式では有意ではなかった．

(13) 式の説明変数については，どのモデルでも結果は大きく変わらない．人口構造に関する変数については，退職者比率の係数は正で有意であり，被保険者数の係数は一次項が負，二次項が正にそれぞれ有意に推定されている．加入者の高齢化が非効率性に与える正の効果は，高齢の被保険者が増加することで保険財政が悪化することを示している．また，保険者の規模が非効率性に与える負の効果は，より保険者グループを拡大させることによって，効率性を改善させることができることを示唆している．こうした結果は，2018年度から実施される保険者を都道府県レベルに再編成する改革を支持するものである．

財政変数については，調整交付金，都道府県支出金，市町村一般会計からの繰入金（法定分）の係数が全て正で有意に推定されている．これらは，仮説立てたように，これらの補助金はソフトな予算制約の問題を

引き起こしていることを示唆している．しかしながら，市町村一般会計からの繰入金（法定外分）の係数は負で有意に推定されている．この繰入金は国保特会の赤字分を補塡するための補助金であるため，この結果はソフトな予算制約の問題の存在を示唆しているものとみなせる．高額医療費に対する再保険機能の係数が非効率項に正の影響を与えていることは，この制度が保険者のインセンティブを歪めていることを示唆している．加えて，高齢者医療制度への拠出金の係数が正に推定されていることは，この拠出金が国保財政の非効率性と財政悪化の双方に甚大な影響を与えていることを示している．特に，拠出金の係数の値が他の正で有意に推定されている係数に比べて大きい点には注意が必要である．これは，高齢者医療制度への拠出が保険者の大きな負担になっているという厚生労働省（2014a）の指摘と整合的である．

医療市場環境に関する変数については，全てのモデルにおける全ての変数が正で有意に推定されている．この結果は，医療サービスの供給能力が高いほど，患者や医師のモラルハザードを発生させ，それが国保制度の効率性を阻害している可能性があることを示唆している．

3.4.2　生産フロンティアモデルの推定結果

表 3-4 には生産フロンティアモデルの推定結果がまとめられている．生産物や投入物の組合せに関わらず，推定結果にほとんど違いはない．具体的には，事務職員数の係数は正で有意であるが，全てのモデルにおいて，自己資本の係数は有意ではない．医療機関密度と医師密度の大半は正で有意に推定されている．これらの結果は費用フロンティアモデルの結果と整合的である．

表 3-5 には，保険者の費用非効率性（CIE）とそれを（11）式にした

表3-4 生産フロンティアモデルの推定結果

生産物	国保特会純収入				平均寿命						
	Coef/SE		Coef/SE		Coef/SE		Coef/SE		Coef/SE		Coef/SE
事務職員数	0.153 **		0.224 **		0.151 **		0.055 **		0.231 ***	0.240 ***	0.246 ***
	0.066		0.100		0.068		0.027		0.040	0.039	0.040
自己資本	0.006		0.018		0.017		0.031		0.025	0.015	0.015
	0.014		0.015		0.014		0.034		0.035	0.033	0.032
医療機関	0.798 ***		0.016		0.690 ***				0.228 ***		0.037
	0.010				0.047				0.033		0.058
医師数			0.596 ***		0.101 **					0.211 ***	0.186 ***
			0.062		0.044					0.026	0.047
2010年度ダミー	0.042 ***		0.049 ***		0.055 ***		0.010 ***		0.010 ***	0.010 ***	0.010 ***
	0.005		0.005		0.004		0.000		0.000	0.000	0.000
市ダミー	−2.253 ***		−0.285 **		−0.097 *		−0.001 **		−0.001 *	−0.002 *	−0.002 *
	0.277		0.142		0.058		0.001		0.001	0.001	0.001
定数項	1.465 ***		2.904 ***		3.118 ***		4.413 ***		4.410 ***	4.410 ***	4.410 ***
	0.134		0.166		0.126		0.001		0.001	0.001	0.001
σu	−2.808 ***		−2.785 ***		−3.014 ***		−10.258 ***		−10.273 ***	−10.230 ***	−10.231 ***
	0.915		0.800		0.919		0.128		0.130	0.140	0.139
σv	−7.009 ***		−4.348 ***		−4.280 ***		−12.298 ***		−12.215 ***	−12.311 ***	−12.308 ***
	0.967		0.529		0.547		0.327		0.297	0.368	0.365
θ	1.062 ***		0.458 ***		0.396 ***		−0.008 ***		−0.007 ***	−0.007 ***	−0.007 ***
	0.078		0.077		0.059		0.000		0.000	0.000	0.000
観測値数	3410		3410		3410		3410		3410	3410	3410
対数尤度	−1796.344		−1008.632		−679.693		12144.488		12175.367	12183.904	12184.128
χ^2 統計量	14098.894 ***		6325.186 ***		10445.936 ***		4780.968 ***		4824.697 ***	4824.635 ***	4832.128 ***

(Coef/SE 列の対応: 国保特会純収入については複数モデル、平均寿命については複数モデルの推定結果)

※ 数値欄の -692.119 / 7683.824 *** は OLS 列、事務職員数 0.153 行に対応する追加の推定値を含む。

がって分解した技術非効率性（TIE）と配分非効率性（AIE）の記述統計がまとめられている．これらの結果は，対数尤度が最大のモデルの結果を用いて計算している[9]．極端に大きい数値がいくつか存在するため，CIE と AIE の平均値と中央値には大きな乖離がある．そこで，表 3-5 にはこれらの値のうち，上位 1％・上位 5％ の保険者を除いた記述統計も併せて報告している．それらをのぞくと，2010 年の CIE は 2005 年のものに比べて，14.3〜17.2％ ほど小さくなっている．加えて，2010 年の CIE の標準偏差は 2005 年のものに比べて 14.2〜24.4％ ほど小さくなっている．AIE の標準偏差は一般的には小さくなっているが，これは平均値の変化と同様の傾向である．

表 3-6 は非効率性間の相関係数をまとめたものである．CIE と TIE の相関係数は大きくないが，CIE と AIE の相関係数は正で大きい．費用フロンティアモデルでは全ての保険者が同じ価格に直面していると仮定されているにも関わらず，これは AIE が高い保険者ほど財政の非効率性が大きいことを示している．加えて，TIE と AIE の相関はきわめて小さい．なお，これらの傾向は年ごとに比べてみても同様である．これらの結果は，AIE を改善させることによって，国保財政が改善されることを示唆している．より具体的には，ソフトな予算制約を生じさせる補助金を削減することや保険料収納率を上昇させることが国保財政の効率性を高めるために必要な措置であるといえる．

3.5 おわりに

本章では，確率フロンティア費用・生産モデルを用いて，国保財政における非効率性の要因を検証した．国保保険者の確率費用フロンティア

表 3-5 費用非効率性・技術非効率性・配分非効率性の分布

(A) 全サンプル

被説明変数	国保特会純収入			平均寿命		
全サンプル	CIE	TIE	AIE	CIE	TIE	AIE
平均	91.124	0.844	108.074	1021.001	0.990	1034.493
標準偏差	3007.501	0.027	3446.687	25038.020	0.006	25398.490
中央値	12.536	0.847	14.808	45.507	0.991	45.932
最小値	1.299	0.653	1.669	4.420	0.910	4.453
最大値	170245.300	1.000	191539.900	881479.300	0.997	896813.000
観測値数	3408	3408	3410	3410	3410	3410
上位1%を除く						
平均	23.409	0.844	27.744	82.199	0.990	83.032
標準偏差	30.217	0.027	35.884	101.896	0.006	102.874
中央値	12.314	0.847	14.635	44.888	0.992	45.321
最小値	1.299	0.653	1.669	4.420	0.910	4.453
最大値	225.299	1.000	278.183	846.201	0.997	850.393
観測値数	3373	3373	3373	3376	3376	3376
上位5%を除く						
平均	18.628	0.844	22.082	66.412	0.990	67.099
標準偏差	17.997	0.027	21.244	63.581	0.006	64.244
中央値	11.790	0.847	13.999	42.706	0.991	43.151
最小値	1.299	0.653	1.669	4.420	0.910	4.453
最大値	90.623	1.000	113.747	319.585	0.997	326.257
観測値数	3237	3237	3237	3240	3240	3240

(B) 2005年度

被説明変数	国保特会純収入			平均寿命		
全サンプル	CIE	TIE	AIE	CIE	TIE	AIE
平均	56.866	0.844	73.763	1561.497	0.990	1582.832
標準偏差	1042.049	0.030	1499.557	31482.380	0.006	31953.860
中央値	13.095	0.849	15.568	47.984	0.992	48.531
最小値	1.299	0.653	1.707	4.420	0.955	4.453
最大値	42677.800	1.000	61623.550	881479.300	0.997	896813.000
観測値数	1704	1704	1705	1705	1705	1705

上位1%を除く

3.5 おわりに

平均	25.222	0.844	29.969	89.877	0.990	90.858
標準偏差	32.475	0.030	38.888	114.995	0.006	116.296
中央値	12.918	0.849	15.469	47.343	0.992	48.024
最小値	1.299	0.653	1.707	4.420	0.955	4.453
最大値	240.538	1.000	288.070	902.285	0.997	917.172
観測値数	1687	1687	1687	1687	1687	1687
上位 5% を除く						
平均	20.130	0.845	23.845	72.039	0.990	72.820
標準偏差	19.617	0.029	23.149	71.477	0.006	72.249
中央値	12.503	0.849	14.706	45.229	0.992	45.580
最小値	1.299	0.653	1.707	4.420	0.955	4.453
最大値	97.288	1.000	114.267	363.209	0.997	365.139
観測値数	1619	1619	1619	1619	1619	1619

(C) 2010 年度

被説明変数	国保特会純収入			平均寿命		
全サンプル	CIE	TIE	AIE	CIE	TIE	AIE
平均	125.381	0.843	142.385	480.504	0.990	486.154
標準偏差	4123.981	0.024	4638.454	16200.260	0.005	16398.000
中央値	11.682	0.846	13.911	42.831	0.991	43.244
最小値	1.369	0.685	1.669	4.941	0.910	4.979
最大値	170245.300	1.000	191539.900	668961.400	0.997	677126.300
観測値数	1704	1704	1705	1705	1705	1705
上位 1% を除く						
平均	21.622	0.843	25.555	74.395	0.990	75.101
標準偏差	27.867	0.024	32.742	86.908	0.005	87.671
中央値	11.497	0.845	13.741	42.293	0.991	42.787
最小値	1.369	0.685	1.669	4.941	0.910	4.979
最大値	209.579	1.000	263.327	622.249	0.997	624.952
観測値数	1686	1686	1686	1688	1688	1688
上位 5% を除く						
平均	17.171	0.842	20.375	61.071	0.990	61.660
標準偏差	16.284	0.024	19.237	56.113	0.005	56.617
中央値	10.874	0.845	12.936	40.726	0.991	41.115
最小値	1.369	0.685	1.669	4.941	0.910	4.979
最大値	80.423	1.000	92.649	281.489	0.997	285.397
観測値数	1618	1618	1618	1619	1619	1619

表 3-6　非効率項の相関関係

(A) 全サンプル

被説明変数	国保特会純収入			平均寿命		
	CIE	TIE	AIE	CIE	TIE	AIE
CIE	1.000			1.000		
TIE	0.006	1.000		−0.022	1.000	
AIE	0.998	−0.001	1.000	1.000	−0.022	1.000
上位 1% を除く	CIE	TIE	AIE	CIE	TIE	AIE
CIE	1.000			1.000		
TIE	0.034	1.000		0.011	1.000	
AIE	0.999	0.000	1.000	1.000	0.006	1.000
上位 5% を除く	CIE	TIE	AIE	CIE	TIE	AIE
CIE	1.000			1.000		
TIE	0.040	1.000		−0.020	1.000	
AIE	0.999	0.001	1.000	1.000	−0.027	1.000

(B) 2005 年度

被説明変数	国保特会純収入			平均寿命		
	CIE	TIE	AIE	CIE	TIE	AIE
CIE	1.000			1.000		
TIE	−0.119	1.000		−0.028	1.000	
AIE	1.000	−0.121	1.000	1.000	−0.028	1.000
上位 1% を除く	CIE	TIE	AIE	CIE	TIE	AIE
CIE	1.000			1.000		
TIE	−0.036	1.000		−0.074	1.000	
AIE	0.998	−0.070	1.000	1.000	−0.079	1.000
上位 5% を除く	CIE	TIE	AIE	CIE	TIE	AIE
CIE	1.000			1.000		
TIE	0.024	1.000		−0.087	1.000	
AIE	0.999	−0.016	1.000	1.000	−0.094	1.000

(C) 2010 年度

被説明変数	国保特会純収入			平均寿命		
	CIE	TIE	AIE	CIE	TIE	AIE
CIE	1.000			1.000		
TIE	0.047	1.000		−0.009	1.000	
AIE	1.000	0.047	1.000	1.000	−0.009	1.000
上位 1% を除く	CIE	TIE	AIE	CIE	TIE	AIE
CIE	1.000			1.000		
TIE	0.125	1.000		0.092	1.000	
AIE	0.999	0.095	1.000	1.000	0.087	1.000
上位 5% を除く	CIE	TIE	AIE	CIE	TIE	AIE
CIE	1.000			1.000		
TIE	0.052	1.000		0.095	1.000	
AIE	0.999	0.015	1.000	1.000	0.089	1.000

モデルの結果から，加入者の高齢化，政府からの補助金交付によるソフトな予算制約問題，高齢者医療制度への拠出金の増加，そして高い医療供給密度が費用効率性を阻害していることが確認された．したがって，保険者規模の拡大は費用効率性を改善させると考えられ，また，高齢者医療への拠出金は国保財政の効率性を著しく損なわせる．一方で，生産フロンティアモデルの結果からは，2010 年の非効率性は 2005 年に比べて 14.3〜17.2% ポイントほど改善していることが確認された．また，費用非効率性と技術非効率性の相関はあまりないが，費用非効率性と配分非効率性の相関はきわめて高いことが分かった．

人口の高齢化と新しい医療技術の発達による費用増加によって，将来の国保の財政状況は，さらに悪化することが予測されている．本章の結果は，2018 年度に計画されている市町村国保の都道府県レベルへの統合が，上述の問題を解決する効果的な手段となりうることを示唆している．加えて，都道府県や市町村による財政支援に端を発するソフトな予算制約の問題に対する何らかの制度変更を行う必要があるだろう．

最後に本章の分析の限界についてまとめたい．第一は，確率フロンティアモデルに対する主要な批判についてである．確率フロンティアモデルでは，非効率項に特定の分布を仮定する必要があるが，異なった分布を課すことで結果が変わる可能性があることがしばしば指摘されている．したがって，将来的にはより flexible なモデルを用いた研究が行われるべきである．加えて，確率フロンティアモデルは多くの研究者によって様々な拡張モデルが提案されている．本章では，他の拡張モデルでは標準誤差が推定されなかったという問題が生じたために，Battese and Coelli（1995）の費用フロンティアモデルと Greene（2005a）の true random effects モデルを用いている．しかしながら，統計的に

客観的な検定や統計量をもとにして選ばれた適切なモデルによる分析は行われるべきである．第二は，もし国保の財政状況を改善させる制度変更を政府が実行したとしても，それが必ずしも代表的個人の効用や社会厚生を高めるとは限らない．こうした観点から制度改革を評価するシミュレーション分析も，今後必要とされる研究課題であろう．

注
1) 本章では，Bates, Mukherjee, and Santerre (2010) で用いられている DEA と多重回帰分析によるアプローチを用いない．その理由は，本節の後半で述べるように，本分析の目的が，様々な構造的な要因が技術効率性と配分効率性に与える因果効果を推定することにあるためである．確率フロンティアモデルと DEA による非効率性分析には一長一短がある．DEA は課すべき仮定が少ないために取り扱いが容易であるが，ノンパラメトリックな手法であるため，測定誤差やランダムショックの影響を考慮することができない．一方で，確率フロンティアモデルは，誤差項がランダムショックと非効率項で構成されているパラメトリックな手法である．しかしながら，確率フロンティアモデルでは，生産関数や費用関数の関数系や誤差項と非効率項の確率分布を特定する必要があるという強い制約を課さなければならない．
2) シェア方程式群は，配分非効率性を示す誤差項は有しているが，技術非効率性は含まれていないため，同様の Greene problem を抱えている．
3) Trans-log 型などの関数双対性を持たない関数型を用いる場合には，生産関数から費用関数への変換ができないため，Greene problem を解決することができない．加えて，Kumbhaker (1997) は，費用関数における技術非効率性と配分非効率性の関係性を導出したが，それを実際の実証分析に応用することは困難であるとしている．詳細な解説は，Kumbhakar and Lovell (2000) を参照のこと．
4) Cummins and Weiss (2011) と Jarraya and Bouri (2013) は，民間保険会社の効率性分析を包括的にサーベイしている．
5) 日本では，公的な第三者機関と保険者が医療機関から提出される請求書（レセプト）に記載されている治療の妥当性を評価している．もしこれらの機関が不

3.5 おわりに

必要ないしは過剰な医療提供があると判断すれば，そのような医療の医療費は医療機関に払い戻されない．

6) 最小値がゼロ以下である変数は，対数値をとることができるように調整した．この調整によって，定数項の推定値は変化するが，他の説明変数のパラメーターは変化しない．

7) 理想的には，費用・生産関数の双方とも Greene（2005a）のモデルによって推定されるべきである．しかしながら，true fixed effect 費用関数と同生産関数のいくつかの尤度関数が収束せず，また true random effect 費用関数では，いくつかの変数の標準誤差が適切に推定されなかった．したがって，本章では次善の策として，Battese and Coelli（1995）の費用フロンティア関数 と Greene（2005a）の true random effect 生産関数を推定した．

8) この場合，個人効果は説明変数群と誤差項および非効率項と相関しないことを仮定する必要がある．

9) 全保険者の全非効率性の推計値は筆者のホームページから閲覧できる．

第 4 章
構造的要因および地域特性と国民健康保険財政の非効率性

4.1 はじめに

医療保険制度の発展は，健康水準，生活の質（Quality of life, QOL）ならびに平均余命の改善に対して大きく貢献してきた．日本においても，1958 年に全面改正された国民健康保険法によって，1961 年より公的な国民皆保険制度が導入され，それまで無保険であった者たちは，市町村の国民健康保険制度に加入することとなった．日本の皆保険制度は，国民が低負担で良質な医療にアクセスすることを可能にした．その結果，日本の健康水準や平均余命は，短期間で急速に世界トップクラスにまで改善した（Ikeda, et al., 2011；Ikegami, et al., 2011）．

日本の皆保険制度は過去に優れた成果をもたらしたが，現在から将来にわたる財政的な安定性は，人口構造や経済的な要因によって脅かされている．厚生労働省（2016）の報告によれば，2014 年においては，全体の 56.4％ を占める 967 国保保険者は財政赤字に陥っている．また，そのうちの 569 保険者は継続的な財政赤字に直面していることや，2014 年の財政赤字の総額が 3590 億円に及ぶことも報告されている．現在のこうした深刻な財政状況は，加入者の高齢化，低所得加入者の増加，小規模保険者の増加，保険料収納率の低迷および医療費や保険料の地域

間格差などを含む様々な要因によると指摘されている（山田，1998；岸田，2002；泉田，2003b；厚生労働省保険局国民健康保険課，2006；湯田，2010b）．加えて，国保制度における支出のおよそ半分が中央・地方政府からの補助金によって賄われている点も見逃せない．これらの補助金は保険者の財政の安定化に寄与する一方で，保険者が費用効率性を改善させるインセンティブを損なわせることが指摘されている．これはソフトな予算制約の問題と呼ばれている（田近・油井，1999；Yoshida and Kawamura, 2008；Yuda, 2016）．さらに，患者（例えば，医療機関への頻回受診）や医療提供者（極端な例は供給者誘発需要）によるモラルハザードが保険者の財政悪化をもたらしうる過剰な支出の一因となっている可能性もある（Zweifel and Manning, 2000；McGuire, 2000；Chandra, Cutler, and Song, 2012；Dranove, 2012）．国保保険者の財政破綻を避けるためにも，厚生労働省は現在，国保が機能不全に陥らないようにするための様々な制度改革案を考案している．

　本章では，国保保険者が現在直面しているこれらの構造的または地域的な要因が国保財政にどのような影響を与えているのかを，費用効率性の観点から検証することを目的としている．本章の結果は，今後の国保制度改革に対して重要な政策的含意を持つものと期待される．特に，日本は世界で最も人口の高齢化が進んでいる国であることから，日本の経験は皆保険制度を導入しており高齢化に直面している国々にとっても有用な知見となるだろう．なお上述の先行研究には2つの重大な分析上の問題があり，それは深刻な結果の解釈に大きな誤解をもたらす可能性がある．第一に，湯田（2010b）とYuda（2016）を除く全ての日本の先行研究で推定されている費用関数は生産物と要素価格に関する変数を含んでいない．つまり，それらの推定式は経済理論を基にしたもので

はなく，また深刻な欠落変数バイアスによって推定値が一致性を有していない．第二は，技術的な理由から，湯田（2010b）やYuda（2016）が背景にある理論モデルや実証モデルに課しているいくつかの制約に問題がある．これらの制約は必ずしも一致性を有する因果効果を推定することを保障するものではない．これら分析上の問題を克服するために，本章ではBates, Mukherjee and Santerre（2010）で用いられたより一般的なアプローチを採用する．具体的には，まず，包絡分析法（Data envelopment analysis, DEA）によって，各国保保険者の効率性スコアを推計する．次に，様々な構造的要因や地域属性が効率性スコアに与える因果効果をTobitモデルにより推定する．加えて，本章では保険者レベルのパネルデータを用いることによって，Bates, Mukherjee, and Santerre（2010）やYuda（2016）よりもより一般的で一致性のある推定値を求めている．

本章の分析の主な結果は以下の通りである．第一に，多くの国保保険者が深刻な財政の非効率性を抱えていることや，費用効率性は配分効率性と強い正の相関関係にあることが，推定された効率性スコアから分かった．第二に，諸要因が効率性スコアに与える影響を検証した実証分析の結果から，2008年度に導入された高齢者医療制度が国保財政の改善に大きく寄与していることが分かった．第三に，都道府県からの補助金は効率性の改善に寄与しているが，中央・市町村政府からの補助金は効率性に悪影響をもたらしていることが分かった．第四に，Yuda（2016）と同様に，本分析においても，高齢者医療制度への拠出金が国保財政に深刻な影響を与えていることが確認された．

本章の構成は以下の通りである．次節では，本章の分析と関連が強い2つの先行研究を紹介する．3節では本章で使用するデータについて説

明する.4節では実証結果を報告する.5節は本章のまとめである.

4.2 分析のフレームワーク

4.2.1 関連のある先行研究と推定戦略

本小節では,本章の分析と強い関連がある2つの先行研究(Bates, Mukherjee, and Santerre, 2010；Yuda, 2016)を紹介する.

Yuda (2016) は,市町村国保保険者のパネルデータと確率フロンティアモデルによって,国保制度における非効率性の検証を行っている. Yuda (2016) では,国保財政の非効率性に影響を与えている主な要因は,加入者の高齢化,政府からの補助金によるソフトな予算制約問題および高齢者医療制度への拠出金であることを明らかにした.しかしながら,Yuda (2016) では,対数尤度関数の中に収束しないものがあるという技術的な理由により,背景となる理論モデルや計量経済モデルにいくつかの制約(仮定)を課している.ただし,これらの制約は必ずしも推定値の一致性を保証するものではない.具体的な制約は,第一には,代替の弾力性が一定である Cobb-Douglas 型関数を仮定していることであり,第二には,非効率項が半正規分布(half-normal distribution)に従うと仮定していることである.確率フロンティアモデルの推定結果は,仮定される関数型や非効率項に仮定する分布の形状によって異なることがしばしば指摘されていることから,Yuda (2016) の結果が頑健であるかどうかは不明である.実際に,理論的には (0,1] の範囲に定義される費用非効率性と配分非効率性の全ての推計値が1を大きく超えている.第三には,Yuda (2016) では,保険者レベルのパネルデータを使用しているにもかかわらず,分析に使用している計量経済モ

デルが pooled cross section または random effect モデルである点である．Pooled 推定では保険者内の時系列的な変動を考慮できず，また観察されない個人の異質性がモデル内の説明変数群と相関しないという random effect モデルの仮定は一般的には制約が強すぎる．

第一と第二の問題に対する一つの対応は，Bates, Mukherjee, and Santerre（2010）のように DEA 法を使って効率性スコアを推定することである．DEA 法は，線形計画法を利用して，データ上におけるノンパラメトリックなフロンティア曲線を作成するもので，このフロンティアに対する効率性を計算するものである（Coelli, 1996）．Bates, Mukherjee, and Santerre（2010）は都市部のデータを使って，医療保険が健康生産の技術効率性に与える影響を実証的に推定している．その結果，保険のカバレッジの拡大は非効率性を生み出すが，その効率性の損失分は相対的に小さいことを明らかにしている．しかしながら，Bates, Mukherjee, and Santerre（2010）の分析も，pooled モデルや random effect モデルによる推定であるため，Yuda（2016）と同様の問題を抱えている．つまり，Bates, Mukherjee, and Santerre（2010）における技術効率性のスコアは，各主体の時系列的な変動が考慮されていないためバイアスがかかっている可能性があり，このバイアスは，2 段階目の Tobit 推定において，さらに深刻になっている可能性がある．こうした問題に対するシンプルな対応は，観察されない個人の異質性と説明変数間の相関があっても一致推定量が得られる固定効果モデルを用いることである．しかしながら，DEA のパネルモデルは Charnes, et al.（1985）で提案されているものの，Heckman and MaCurdy（1981）や Honoré（1992）で提案された固定効果 Tobit モデルは，計算上の問題からその統計的なパフォーマンスが良くないことが知られている．本

章の分析では，固定効果を除去するために一階の階差（first-difference, FD）を取ったデータを使って分析を試みる．

さらに，本章では，より頑健で一致性のある推定値を求めるために，Bates, Mukherjee, and Santerre（2010）や Yuda（2016）における3つの分析上の制約を緩和する．第一には，効率性スコアを推定するために，複数生産物・複数投入物（multiple outputs and inputs）モデルを用いることである．これら2つの先行研究では，単一生産物・複数投入物（one-output and multi-inputs）モデルが用いられているが，医療保険制度は健康増進・リスク分散・自己管理といった様々な成果をもたらすので，より良い推定値を得るためには複数生産物・複数投入物モデルを用いる方がより適切である．第二には，DEA 法によって効率性スコアを推定する際に，本分析では規模の収穫可変（variable returns to scale, VRS）を仮定する．Bates, Mukherjee, and Santerre（2010）では規模の収穫が一定（constant returns to scale, CRS）であるモデルを用いているが，CRS の仮定は，全ての保険者が最適な規模で操業している時のみに適切な仮定である．しかしながら，不完全競争や政府の規制，財政的な制約などといった環境によって，保険者は準最適な規模において操業せざるを得ない．したがって，CRS を仮定したモデルによる彼らの分析結果は，技術効率性のほかに規模の効率性（scale efficiency, SE）をも含んでいることになる．それに対して，VRS を仮定したモデルによる分析では，規模の効率性を除いた技術効率性を推計することができる．[1] 第三には，Bates, Mukherjee, and Santerre（2010）では，所与の投入物集合から最大の生産量を得る能力を反映した技術効率性にしか焦点が当てられておらず，Yuda（2016）では諸要因がトータルの費用効率性に与える因果効果の推定しか行われていない．しかし

ながら，費用効率性は技術効率性と配分効率性に分解することができ，ある経済主体の配分効率性は，所与の価格水準に対する最適な投入物の利用能力を反映している．医療保険財政においては，技術効率性は保険者の責任によらない要因を示しており，配分効率性は保険者の責任によって生じる要因を示していると解釈できる．これらは性質が異なるものであるため，この効率性の分解は今後の制度改革に対して有益で重要な政策的含意をもたらすと思われる．

以下では，本章の分析における具体的な計量経済モデルについて説明する．

4.2.2 DEAによる効率性スコアの推計

VRSモデルを仮定したinput-oriented DEAモデルの費用最小化問題より，経済主体ごとの技術効率性を求めることができる（Coelli et al., 2005）．

$$\min_{\theta, \lambda} \theta$$
$$\text{s.t.} \quad -\mathbf{q_i} + \mathbf{Q}\lambda \geq \mathbf{0}$$
$$\theta \mathbf{x_i} - \mathbf{X}\lambda \geq \mathbf{0}$$
$$\lambda \geq \mathbf{0},$$

ただし，θは保険者iの技術効率性スコアをである（Farrell, 1957）．変数$\mathbf{q}$と$\mathbf{x}$は，保険者iのM種類の生産物とN種類の投入物に関する列ベクトルである．また，Iだけ存在する全ての保険者に関する$M \times I$の生産物行列を$\mathbf{Q}$，$N \times I$の投入物行列を$\mathbf{X}$とする．パラメーターλは$I \times 1$の定数ベクトルである．この線形計画法の問題を，保険者ごと

に I 回解くことによって,各保険者 i の技術効率性の値 $\theta_i = TE_i$ が得られる.次に,以下の DEA モデルの費用最小化問題を考える.

$$\min_{\lambda, \mathbf{x}_i^*} \quad \mathbf{w}_i' \mathbf{x}_i^*$$
$$\text{s.t.} \quad -\mathbf{q}_i + \mathbf{Q}\lambda \geq 0$$
$$\mathbf{x}_i^* - \mathbf{X}\lambda \geq 0$$
$$\mathbf{I1}'\lambda = 1$$
$$\lambda \geq 0,$$

ただし,$\mathbf{w}_i$ は保険者 i に対する投入物価格に関する $N \times 1$ ベクトルであり,$\mathbf{x}_i^*$ は所与の投入物価格 $\mathbf{w}_i$ に対する費用最小化を実現させる保険者 i の投入量を示している.このときの生産量水準が $\mathbf{q}_i$ であり,$\mathbf{I1}'\lambda = 1$ は凸性に関する制約式である.このとき,保険者 i の費用効率性(CE)は,観察された費用に対する最小費用の比率として定義される.

$$CE_i = \mathbf{w}_i' \mathbf{x}_i^* / \mathbf{w}_i' \mathbf{x}_i \tag{1}$$

また,配分効率性(AE)は以下のように計算される.

$$AE_i = CE_i / TE_i \tag{2}$$

これら 3 つの技術・配分・費用効率性の指標は,0 から 1 の間のいずれかをとり,1 に近いほど効率的であることを示す.

4.2.3 構造的要因および地域特性が効率性スコアに与える因果効果の推定

諸要因が効率性スコアに与える因果効果を推定するために，まずは以下のシンプルな線形回帰モデルを考える．

$$CE_{it} = \alpha_0 + \sum_{j=1}^{J} \ln(z_{j,it})\alpha_j + e_{CE,i} + u_{CE,it} \quad (3a)$$

$$TE_{it} = \beta_0 + \sum_{j=1}^{J} \ln(z_{j,it})\beta_j + e_{TE,i} + u_{TE,it} \quad (3b)$$

$$AE_{it} = \gamma_0 + \sum_{j=1}^{J} \ln(z_{j,it})\gamma_j + e_{AE,i} + u_{AE,it} \quad (3c)$$

ただし，$\ln(z_{it})$ は t 年における保険者 i の加入者の人口構造，財政状況および市場環境などを含む説明変数の対数値である．ここでは，e が個別の保険者特有の効果であり，u は誤差項である．ある説明変数が国保財政に負の影響を与えているのであれば，その変数のパラメーターは負値に推定される．

保険者特有の効果を取り除くために，一階の階差をとると，

$$\Delta CE_{it} = \sum_{j=1}^{J} \Delta\ln(z_{j,it})\alpha_j + \Delta u_{CE,it} \quad (4a)$$

$$\Delta TE_{it} = \sum_{j=1}^{J} \Delta\ln(z_{j,it})\beta_j + \Delta u_{TE,it} \quad (4b)$$

$$\Delta AE_{it} = \sum_{j=1}^{J} \Delta\ln(z_{j,it})\gamma_j + \Delta u_{AE,it} \quad (4c)$$

となる．ただし，ΔTE，ΔAE および ΔCE は階差データを用いて

DEA 法によって推計されたそれぞれの効率性スコアである．$\Delta \ln (z)$ は説明変数の階差変数である．これに分析期間における政策変更などの年効果として解釈される定数項 $\alpha_{2010} \cdot \beta_{2010} \cdot \gamma_{2010}$ を加えると，

$$\Delta CE_{it} = \sum_{j=1}^{J} \Delta \ln(z_{j,it})\alpha_j + \alpha_{2010} + \Delta u_{CE,it} \tag{5a}$$

$$\Delta TE_{it} = \sum_{j=1}^{J} \Delta \ln(z_{j,it})\beta_j + \beta_{2010} + \Delta u_{TE,it} \tag{5b}$$

$$\Delta AE_{it} = \sum_{j=1}^{J} \Delta \ln(z_{j,it})\gamma_j + \gamma_{2010} + \Delta u_{AE,it} \tag{5c}$$

と書ける．これらのモデルで具体的に捕らえられる政策効果は，2008年度から施行された2つの高齢者医療制度の影響である．第一の改革は，65～74 歳の医療費を国レベルの再保険で賄う制度の導入である．この制度が導入される 2008 年 4 月以前は，国保保険者が請求した医療費は，審査を経て個々の医療機関に，払い戻されていたが，現在の再保険制度は国保保険者の財政を下支えしているものであるといえる．第二の改革は，後期高齢者医療制度，すなわち 75 歳以上の高齢者を対象とした新しい医療制度の導入である．高齢者の所得は現役層に比べて低いため，1983 年 2 月から 2008 年 3 月まで施行されていた老人保健制度のもとでは，彼らの医療保険料はこれまで免除されてきた．後期高齢者医療制度導入後は，医療費の 10% 相当分が保険料として高齢者に課せられることになった．これらの大きな高齢者医療制度改革は，国保制度への財政負担を減らすと考えられるので，国保財政には良好な影響を与えると考えられる．[2]

4.3 データと記述統計

本章で使用するデータは，2005 年と 2010 年の厚生労働省の『国民健康保険事業状況』に収載されている保険者レベルのデータである．この統計では，加入者構成や会計・財政状況および保険給付の内訳などといった詳細な保険者属性がまとめられている．ここでは，他の公的統計から得られる市町村属性に関する変数をマージさせた 2 年度間のパネルデータを作成する．なお，このサンプルは Yuda（2016）と同じサンプルである．表 4-1 には，主要変数の記述統計量とデータの出典がまとめられている．

効率性に関する推定を実施する上で，Cummins and Weiss（2011）は，信頼性の高い効率性推定の実施と保険の経済理論と整合的な分析の実施のために，生産物と投入物およびそれに対応する要素価格を注意深く定義する必要があることを指摘している．国保制度は準市場（Le Grand, 2007）において市町村が運営をしている公的医療保険であるため，ここでは Cummins and Weiss（2011）を修正したアプローチを採用する．

q に含まれる 2 つの生産物は，国保特別会計における純収入と市町村ごとの平均寿命である．純収入は国保の財政状況を示す主要な変数であり，それを生産物として用いることは，保険の経済理論においても支持されている（Cummins and Weiss, 2011）．平均寿命は国・地域レベルの健康指標として広く採用されている成果変数の一つである[3]．純収入の平均額は約 800 万円であるが，サンプルのおよそ 30％ は純収入がマイナスになっている．また，平均寿命の平均は 82.5 歳である．

投入物 x に関する変数は，通常，労働・資本・サービスの 3 つの主

表 4-1 記述統計量

変数	平均	標準偏差	最小値	最大値	出典
内生変数					
純収入（百万円）	8.071	139.686	−6746.042	1143.406	[1]
平均寿命（年）	82.530	0.820	79.400	85.050	[2]
投入物					
事務職員数	10.146	22.129	0.000	573.500	[1]
医療機関数	102.393	294.446	0.000	5769.000	[1], [3]
医師数	215.988	663.685	1.000	11349.000	[1], [4]
自己資本（億円）	0.000	0.000	0.000	0.000	[1]
要素価格					
事務職員当たり総務費（百万円）	0.851	0.624	0.000	15.367	[1]
医療機関当たり保険給付費（百万円）	6.038	2.225	0.245	36.769	[1], [3]
医師一人当たり保険給付費（百万円）	4.646	3.146	0.078	49.122	[1], [4]
負債額（百万円）	3226.783	102.943	1.000	3915.659	[1]
説明変数					
被保険者数（千人）	21.197	50.332	0.097	941.021	[1]
歳入に占める調整交付金比率（%）	0.773	0.952	0.000	10.057	[1]
歳入に占める都道府県交付金比率（%）	0.442	0.504	0.007	3.434	[1]
歳入に占める市町村繰入金比率（%）	1.064	1.568	0.007	15.585	[1]
法定外繰入金割合（%）	17.367	21.973	0.000	88.555	[1]
歳入に占める共同事業交付金比率（%）	0.939	1.375	0.003	11.681	[1]
保険料収納率（%）	91.772	4.049	71.944	100.000	[1]
高齢者医療制度拠出金（百万円）	113.192	292.117	0.419	6710.767	[1]
千人当たり医師数（医師密度）	1.544	1.602	0.104	30.028	[4], [5]
千人当たり歯科医師数（歯科医師密度）	0.658	0.831	0.043	33.068	[4], [5]
千人当たり病床数（病床密度）	10.489	8.415	0.022	106.025	[4], [5]
観測値数			3410		

注：全ての金額は消費者物価指数を用いて 2010 年度価格に調整している．平均余命は男女の平均値である．
調査年でない年のものは，前後の年のデータで線形補完している．出典は以下の通りである．
[1] 厚生労働省『国民健康保険事業年報』, 2005・2010 年度．
[2] 厚生労働省『生命表』, 2005・2010 年度．
[3] 厚生労働省『医療施設調査』, 2005・2010 年度．
[4] 厚生労働省『医師・歯科医師・薬剤師調査』, 2004・2006・2010 年度．
[5] 総務省『国勢調査』, 2005・2010 年度．

要なグループに大別できる（Cummins and Weiss, 2011）．Yuda（2016）が指摘するように，公的医療保険の保険者から提供されるサービスは定義・定量化することが困難なので，本分析では，労働と資本を投入物の変数と考える．労働については，市町村国保の事務職員数，医師数および医療機関数を用いる．日本では，医療機関に勤める医師は経済主体として独立しているわけではなく，医療機関の生産要素の一部として医療サービスを提供している．それゆえに，医療機関への保険給付

費は，個々の医師へ直接支払われるわけではなく，医師によるサービスの対価として支払われる（橋本・泉田，2016, p.13）．なお，2013年度の医療機関に対する支払額が国保制度の総費用に占める割合はおよそ67%を占めている（厚生労働省，2016）．資本の代理変数には，効率性分析でよく採用されている個々の保険者の自己資本を用いる（Cummins and Weiss, 2011）．医師・医療機関に対する要素価格には，それぞれの保険給付率を用いる．資本に関しては，自己資本の期待市場収益がその費用の指標としては望ましいが（Cummins and Weiss, 2011），国保保険者は配当収益を生み出すことを目的とはしていないので，その代わりに国保財政の負債額を用いる．保険者当たりの事務職員数の平均は10.1人，医療機関数は102.4箇所，医師数は216.0人である．また，年間の事務職員一人当たり総務費は約85万円，医療機関当たり保険給付額と医師一人当たり保険給付額は，それぞれ約600万円・約460万円である．負債額の平均は約320億円である．

表4-1には，厚生労働省保険局国民健康保険課（2006）や日本の先行研究で指摘されている国保財政に影響を与えうる説明変数群 z の記述統計量も含んでいる．これらの説明変数は，被保険者の人口構造・国保制度の財政状況・医療サービス市場の特性の3つに分類される．人口構造に関する重要な変数は，規模の効果を捉える被保険者数とその二乗項である[4]．保険者の規模が大きいことは財政の安定に寄与し，それは非効率性に与える影響を緩和させると考えられる．財政状況に関する変数には，5種類の補助金と保険料収納率および高齢者医療制度への拠出金が含まれる．国保の歳入のおよそ半分が中央・地方政府からの補助金によって賄われている．これらの補助金は，保険財政の安定に寄与する一方で，ソフトな予算制約の問題を引き起こす要因になっていることが指

摘されている (田近・油井, 1999；鈴木, 2001；Yoshida and Kawamura, 2008；Yuda, 2016). しかしながら，国保特会における補助金にはそれぞれ異なった目的があることには注意が必要である．調整交付金と都道府県支出金は保険者間の財政の不均衡を修正することを目的とした補助金であり，共同事業交付金は高額な医療費の発生に対する再保険による歳入である．一方で，市区町村の一般会計からの繰り入れは法定分と法定外分の2種類に分類される．法定分の繰り入れは財政状況を安定化させるため繰り入れられる補助金であるが，法定外分は主として財政赤字の穴埋めに用いられる補助金である．法定外の繰り入れの財源は地方税であることを踏まえれば，この法定外の繰り入れは保険の理念に反するものである．別な言い方をすると，この補助金は事実上，地方税納税者から国保被保険者への所得移転となっている．したがって，この変数はソフトな予算制約問題の深刻さを示す代理変数となる．保険料収納率は調停額に占める収納額の割合である．保険料収納率が低いことは，必要とする金額を徴収できないことを示すので，それは国保財政に悪影響を及ぼす．国保財政に影響を及ぼすもう一つの要因は，高齢者医療制度への拠出である．日本の急速な高齢化は高齢者に代わって支払われる医療給付費を増加させており，これが保険者の財政を悪化させている．実際に，近年この負担は次第に増加しており，被用者保険も含む公的医療保険者全体に対して深刻な財政問題を直接的に生じさせている (厚生労働省, 2014a). 医療サービス市場環境に関する変数は，千人当たりの医師数 (医師密度)，同歯科医師数 (歯科医師密度) および同病床数 (病床密度) である．これらの密度の増加は医療へのアクセスを改善させると考えられるが，患者や医療提供者によるモラルハザードのような不必要な医療利用を増加させることで医療保険給付の支払は増えるかもしれな

い.

4.4 推定結果

4.4.1 効率性スコアの推計結果

　表 4-2 と図 4-1 には，DEA 法による効率性スコアの推計結果がまとめられている[5]．費用効率性の平均と標準偏差はそれぞれ 0.158 と 0.168 であり，これは多くの国保保険者が財政的な非効率性を抱えていることを意味している．また，技術効率性の平均と標準偏差は 0.862 と 0.050，配分効率性の平均と標準偏差は 0.178 と 0.182 であった．平均値で比較すると，配分効率性は技術効率性の 5 分の 1 程度となっている一方で，標準偏差を比べると，配分効率性の方が大きくなっている．費用効率性と配分効率性には，強い正の相関があり，その相関係数 0.998 は，費用効率性と技術効率性の相関係数 0.524 を大きく上回っている[6]．こうした傾向は Yuda（2016）と整合的であり，国保財政を改善させるためには，配分効率性を向上させる効果的な対策が必要であることを示唆している．

4.4.2 効率性スコアに与える因果効果の推定結果

　表 4-3〜4-5 は，FD データを使って Tobit モデルと最小二乗法（OLS）による推定結果をまとめたものである．大きな特徴として，第一に，Tobit モデルの推定結果と OLS の推定結果にはほとんど違いがない．第二に，年効果を捉えている定数項が正で有意に推定されている．特に，定数項の推定値は，他の説明変数の推定値よりも大きな値が推定されている．また，年効果を含むモデルにおける説明変数群の係数

表4-2 効率性スコアの記述統計

効率性指標	TE	AE	CE
平均	0.572	0.011	0.006
標準偏差	0.109	0.024	0.024
最小値	0.196	0.000	0.000
最大値	1.000	1.000	1.000
観測値数		1705	

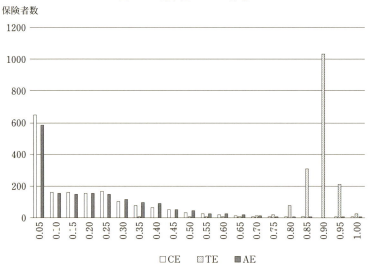

図4-1 効率性スコアの分布

は,年効果を含まないモデルのものに比べて小さい傾向があることが確認できる.これらの結果は,2つの主な高齢者医療制度改革の施行が,国保財政の効率性の改善に寄与したことを示唆している.

表4-3は,費用効率性に与える影響をまとめたものである.年効果の有無に関わらず,被保険者数,調整交付金および歯科医師密度の係数が負で有意に推定されている.これらの結果は,被保険者の規模の拡大

表 4-3 費用効率性（CE）に与える影響

推定方法	Tobit		OLS		Tobit		OLS	
被保険者数	−0.537	***	−0.537	***	−0.424	***	−0.424	***
	(0.112)		(0.112)		(0.103)		(0.102)	
被保険者数 2 乗	−0.022		−0.022		0.016		0.016	
	(0.030)		(0.030)		(0.025)		(0.025)	
調整交付金比率	−0.046	***	−0.046	***	−0.021	**	−0.021	**
	(0.009)		(0.009)		(0.008)		(0.008)	
都道府県交付金比率	0.132	***	0.133	***	0.005		0.005	
	(0.024)		(0.024)		(0.024)		(0.024)	
市町村繰入金比率	−0.037	**	−0.037	**	−0.012		−0.012	
	(0.017)		(0.017)		(0.016)		(0.016)	
法定外繰入金割合	0.010	***	0.010	***	−0.002		−0.002	
	(0.004)		(0.004)		(0.003)		(0.003)	
共同事業交付金比率	0.036	***	0.036	***	0.000		0.000	
	(0.005)		(0.005)		(0.005)		(0.005)	
保険料収納率	−0.007		−0.007		0.007		0.007	
	(0.009)		(0.009)		(0.008)		(0.008)	
高齢者医療制度拠出金	−0.055	***	−0.055	***	0.001		0.001	
	(0.010)		(0.010)		(0.010)		(0.010)	
医師密度	0.021		0.021		−0.029	*	−0.029	*
	(0.016)		(0.016)		(0.015)		(0.015)	
歯科医師密度	−0.044	***	−0.044	***	−0.012	*	−0.012	*
	(0.007)		(0.007)		(0.007)		(0.007)	
病床密度	−0.006		−0.006		0.003		0.003	
	(0.009)		(0.009)		(0.009)		(0.009)	
定数項					0.138	***	0.138	***
					(0.010)		(0.010)	
σ	0.174	***			0.165	***		
	(0.004)				(0.004)			
観測値数	1705		1705		1705		1705	
対数尤度	559.483		566.119		646.159		653.012	
決定係数			0.434				0.032	

が費用効率性に与える正の影響があるとする保険の経済理論と直感的には矛盾する．しかしながら，補論Bで示すように，市区保険者の効率性スコアは町村保険者の効率性スコアに比べて低い傾向がある．それゆえに，この結果は，都市規模に起因する基礎的な構造上の違いを反映

したものであると考えられる．調整交付金の拡大が国保の費用効率性に与えている負の効果は，国保保険者が過剰な財政支援を受けている可能性，すなわちソフトな予算制約の問題を生じさせていることを示唆している．歯科医師密度の負で有意な影響は，患者の過剰利用または競争が激しいといわれている日本の歯科市場における供給者誘発需要によって生じているものと考えられる．年効果を考慮しないモデルでは，市町村からの法定分の繰入金と高齢者医療制度への拠出金が負で有意になっている．市町村から繰入金が費用効率性に与える負の影響は，ソフトな予算制約問題の存在を示唆している．高齢者医療制度への拠出金の負の影響は，国保財政にとって深刻な負担をもたらしていることを示唆している．加えて，都道府県支出金，法定外繰入金比率および共同事業交付金は費用効率性に正で有意な影響を与えている．都道府県支出金は，保険者にとって適切な補助となっていること，法定外繰入金は，公的皆保険の維持に必要な費用の拠出がそれぞれ行われていることを示唆するものである．共同事業交付金は，高額な医療費が発生していても，再保険によるそれをカバーするリスク分散機能が十分に機能していることを示唆している．

表4-4は，技術効率性に対する影響をまとめたものである．表4-3の結果と同様に，年効果の有無に関わらず，全てのモデルにおいて，被保険者数と調整交付金の係数は，負で有意に推定されている．さらに，双方のモデルにおいて，被保険者の二乗項，市町村からの法定分繰入金，保険料収納率および高齢者医療制度への拠出金が技術効率性に対して正で有意な影響を与えている．保険料収納率の影響は予想に反している結果であるが，限界効果自体は小さいので影響はほとんどないといえる．また，都道府県支出金，法定外の市町村繰入金および共同事業交付

表 4-4 技術効率性（TE）に与える影響

推定方法	Tobit		OLS		Tobit		OLS	
被保険者数	−0.845	***	−0.845	***	−0.152	***	−0.153	***
	(0.256)		(0.256)		(0.022)		(0.022)	
被保険者数2乗	−0.248	***	−0.248	***	−0.017	**	−0.017	**
	(0.074)		(0.073)		(0.007)		(0.007)	
調整交付金比率	−0.174	***	−0.174	***	−0.017	***	−0.017	***
	(0.024)		(0.024)		(0.003)		(0.003)	
都道府県交付金比率	0.784	***	0.785	***	0.002		0.002	
	(0.061)		(0.061)		(0.005)		(0.005)	
市町村繰入金比率	−0.162	***	−0.158	***	−0.007	**	−0.007	*
	(0.039)		(0.039)		(0.004)		(0.004)	
法定外繰入金割合	0.073	***	0.073	***	0.001		0.001	
	(0.011)		(0.011)		(0.001)		(0.001)	
共同事業交付金比率	0.215	***	0.215	***	−0.004	***	−0.004	***
	(0.010)		(0.010)		(0.001)		(0.001)	
保険料収納率	−0.088	***	−0.089	***	−0.006	***	−0.006	***
	(0.020)		(0.020)		(0.002)		(0.002)	
高齢者医療制度拠出金	−0.353	***	−0.353	***	−0.008	***	−0.008	***
	(0.026)		(0.026)		(0.002)		(0.002)	
医師密度	0.284	***	0.286	***	−0.021	***	−0.021	***
	(0.036)		(0.035)		(0.003)		(0.003)	
歯科医師密度	−0.208	***	−0.206	***	−0.007	***	−0.007	***
	(0.020)		(0.020)		(0.001)		(0.001)	
病床密度	−0.057	***	−0.058	***	−0.002		−0.002	
	(0.022)		(0.022)		(0.001)		(0.001)	
定数項					0.847	***	0.847	***
					(0.003)		(0.003)	
σ	0.336	***			0.046	***		
	(0.008)				(0.003)			
観測値数	1705		1705		1705		1705	
対数尤度	−565.056		−552.180		2787.570		2825.921	
決定係数			0.850				0.151	

金が，年効果を含まないモデルにおいて，技術効率性に正で有意な影響を与えている．

表 4-5 は，配分効率性に対する影響をまとめたものである．表 4-3・4-4 の結果と同様に，年効果の有無に関わらず，全てのモデルにおい

表 4-5 配分効率性（AE）に与える影響

推定方法	Tobit		OLS		Tobit		OLS	
被保険者数	−0.569	***	−0.568	***	−0.439	***	−0.438	***
	(0.120)		(0.120)		(0.109)		(0.109)	
被保険者数 2 乗	−0.026		−0.026		0.018		0.018	
	(0.033)		(0.033)		(0.026)		(0.026)	
調整交付金比率	−0.050	***	−0.050	***	−0.021	**	−0.021	**
	(0.010)		(0.010)		(0.009)		(0.009)	
都道府県交付金比率	0.153	***	0.154	***	0.007		0.007	
	(0.026)		(0.026)		(0.026)		(0.026)	
市町村繰入金比率	−0.039	**	−0.039	**	−0.011		−0.011	
	(0.018)		(0.018)		(0.017)		(0.017)	
法定外繰入金割合	0.011	***	0.011	***	−0.002		−0.002	
	(0.004)		(0.004)		(0.003)		(0.003)	
共同事業交付金比率	0.042	***	0.041	***	0.001		0.001	
	(0.005)		(0.005)		(0.006)		(0.006)	
保険料収納率	−0.007		−0.008		0.008		0.008	
	(0.009)		(0.009)		(0.009)		(0.009)	
高齢者医療制度拠出金	−0.062	***	−0.062	***	0.003		0.003	
	(0.011)		(0.011)		(0.011)		(0.011)	
医師密度	0.029	*	0.029	*	−0.028	*	−0.029	*
	(0.017)		(0.017)		(0.016)		(0.016)	
歯科医師密度	−0.049	***	−0.049	***	−0.012		−0.011	
	(0.008)		(0.008)		(0.008)		(0.008)	
病床密度	−0.007		−0.007		0.004		0.004	
	(0.010)		(0.010)		(0.010)		(0.010)	
定数項					0.158	***	0.158	***
					(0.011)		(0.011)	
σ	0.190	***			0.179	***		
	(0.004)				(0.004)			
観測値数	1705		1705		1705		1705	
対数尤度	409.755		416.004		505.808		512.297	
決定係数			0.446				0.028	

て，被保険者数と調整交付金の係数は，負で有意に推定されている．加えて，年効果を含まないモデルでは，市町村からの法定分繰入金，高齢者医療制度への拠出金および歯科医師密度が配分効率性に対して負の影響を与えている．また，都道府県支出金，法定外の市町村繰入金および

共同支出交付金が，年効果を含まないモデルにおいて，配分効率性に正で有意な影響を与えている．

4.5 おわりに

本章では，市町村国保保険者のパネルデータを用いて，ノンパラメトリックな手法により各国保保険者の財政の効率性を推計し，さらに，パラメトリックな手法で構造的要因や地域特性が効率性スコアに与える因果効果を推定した．こうした方法によって，先行研究で行われた分析よりもより頑健で一致性を有する結果を得ることを試みた．その結果，多くの国保保険者が深刻な財政の非効率性を抱えていることや，費用効率性は配分効率性と強い正の相関関係にあることが，推定された効率性スコアから分かった．また，諸要因が効率性スコアに与える影響を推定したところ，以下のことが分かった．第一は，2008年度に導入された高齢者医療制度が国保財政の改善に大きく寄与していることである．第二は，都道府県からの補助金は効率性の改善に寄与しているが，中央・市町村政府からの補助金は効率性に悪影響をもたらしていることである．第三は，Yuda (2016) と同様に，本分析においても，高齢者医療制度への拠出金が国保財政に深刻な影響を与えていることである．

パラメトリックな実証分析の第二の結果は，補助金の中には必ずしも適切ではなく，もともとの目的に合致していないものがあることを示唆している．具体的には，都道府県からの補助金は効率性を改善させているが，中央・市町村政府からの補助金はソフトな予算制約の問題を生じさせている．予算規模に大きな変動はないため，公的な地域医療保険制度をより効率的に運営するために，配分と構造を再考する必要があ

る．この再配分は国保制度の効率性を高め，さらに社会厚生も改善させるであろう．この結果はまた，市町村保険者の監督責任を持つ都道府県政府がより包括的に市町村保険者を指導するべきであることを示しており，これは2018年度から始まる国保制度の都道府県統合が効率性を高める可能性が高いことを示唆している．さらに，厚生労働省（2016）やYuda（2016）が述べているように，本章でも，高齢者医療制度への拠出金が国保財政に悪影響を及ぼしていることが確認された．高齢者医療制度の改革は，国保制度のみならず公的皆保険制度を将来にわたって維持していくうえで必要不可欠な制度改革である．近年の日本の研究によれば，高齢者の医療利用の価格弾力性は低く（Shigeoka, 2014；Fukushima, et al., 2016），外来医療に関しては非金銭的要因が高齢者の医療需要に大きな影響を及ぼしている（湯田，2007）．これらの結果は，自己負担率の引き上げやフリーアクセスへの制限が，高齢者の医療費を適切に制御するであろうことを示している．

最後に，もし国保の財政状況を改善させる制度変更を政府が実行したとしても，それが必ずしも代表的個人（加入者）の効用や社会厚生を高めるとは限らない．こうした観点から制度改革を評価するシミュレーション分析も，今後必要とされる研究課題であろう．

補論A　退職者比率を考慮した推定

本章の注4）で示したように，分析期間中に高齢者医療制度適用者の定義が変わったため，本文の推定ではこの変数を除外した．しかしながら，厚生労働省保険局国民健康保険課（2006）などが示すように，加入者の高齢化は国保財政の圧迫要因として挙げられる．本補論では，Yuda（2016）にならって，退職者比率を加えたモデルでの推定を試み

表 4A-1　費用効率性（CE）に与える影響

推定方法	Tobit		OLS		Tobit		OLS	
退職者比率	−0.085	***	−0.085	***	−0.007		−0.007	
	(0.007)		(0.007)		(0.016)		(0.016)	
被保険者数	−0.543	***	−0.542	***	−0.431	***	−0.431	***
	(0.104)		(0.104)		(0.105)		(0.105)	
被保険者数 2 乗	0.001		0.001		0.015		0.015	
	(0.027)		(0.026)		(0.025)		(0.025)	
調整交付金比率	−0.029	***	−0.029	***	−0.021	**	−0.021	**
	(0.008)		(0.009)		(0.008)		(0.008)	
都道府県交付金比率	0.039		0.039		0.005		0.005	
	(0.024)		(0.024)		(0.024)		(0.024)	
市町村繰入金比率	−0.016		−0.016		−0.012		−0.012	
	(0.016)		(0.016)		(0.016)		(0.016)	
法定外繰入金割合	0.001		0.001		−0.002		−0.002	
	(0.003)		(0.003)		(0.003)		(0.003)	
共同事業交付金比率	0.009	*	0.009	*	0.000		0.000	
	(0.005)		(0.005)		(0.005)		(0.005)	
保険料収納率	0.006		0.006		0.007		0.007	
	(0.008)		(0.008)		(0.008)		(0.008)	
高齢者医療制度拠出金	−0.009		−0.009		0.001		0.001	
	(0.010)		(0.010)		(0.010)		(0.010)	
医師密度	−0.024		−0.024		−0.030	**	−0.030	**
	(0.015)		(0.015)		(0.015)		(0.015)	
歯科医師密度	−0.020	***	−0.020	***	−0.012	*	−0.012	*
	(0.007)		(0.007)		(0.007)		(0.007)	
病床密度	0.000		0.000		0.003		0.003	
	(0.008)		(0.008)		(0.009)		(0.009)	
定数項					0.130	***	0.130	***
					(0.022)		(0.022)	
σ	0.167	***			0.165	***		
	(0.004)				(0.004)			
観測値数	1705		1705		1705		1705	
対数尤度	623.359		630.121		646.281		653.132	
決定係数			0.475				0.032	

表 4A-2 技術効率性（TE）に与える影響

推定方法	Tobit		OLS		Tobit		OLS	
退職者比率	−0.504	***	−0.502	***	0.018	***	0.018	***
	(0.011)		(0.011)		(0.004)		(0.004)	
被保険者数	−0.879	***	−0.877	***	−0.134	***	−0.134	***
	(0.123)		(0.123)		(0.023)		(0.022)	
被保険者数 2 乗	−0.111	***	−0.112	***	−0.016	**	−0.016	**
	(0.034)		(0.034)		(0.007)		(0.007)	
調整交付金比率	−0.073	***	−0.073	***	−0.016	***	−0.016	***
	(0.012)		(0.012)		(0.003)		(0.003)	
都道府県交付金比率	0.231	***	0.232	***	0.002		0.002	
	(0.032)		(0.032)		(0.005)		(0.005)	
市町村繰入金比率	−0.035		−0.033		−0.008	**	−0.008	**
	(0.022)		(0.022)		(0.004)		(0.004)	
法定外繰入金割合	0.023	***	0.023	***	0.001		0.001	
	(0.004)		(0.004)		(0.001)		(0.001)	
共同事業交付金比率	0.055	***	0.055	***	−0.004	***	−0.004	***
	(0.007)		(0.007)		(0.001)		(0.001)	
保険料収納率	−0.014		−0.016		−0.006	***	−0.006	***
	(0.010)		(0.010)		(0.002)		(0.002)	
高齢者医療制度拠出金	−0.076	***	−0.077	***	−0.009	***	−0.009	***
	(0.013)		(0.013)		(0.002)		(0.002)	
医師密度	0.018		0.023		−0.020	***	−0.020	***
	(0.017)		(0.018)		(0.004)		(0.003)	
歯科医師密度	−0.063	***	−0.061	***	−0.007	***	−0.007	***
	(0.009)		(0.009)		(0.002)		(0.001)	
病床密度	−0.019	*	−0.020	**	−0.002		−0.002	
	(0.010)		(0.010)		(0.001)		(0.001)	
定数項					0.869	***	0.869	***
					(0.005)		(0.005)	
σ	0.188	***			0.046	***		
	(0.004)				(0.002)			
観測値数	1705		1705		1705		1705	
対数尤度	420.050		433.641		2798.920		2837.604	
決定係数			0.953				0.162	

表 4A-3 配分効率性（AE）に与える影響

推定方法	Tobit		OLS		Tobit		OLS	
退職者比率	−0.098	***	−0.098	***	−0.009		−0.009	
	(0.008)		(0.008)		(0.017)		(0.017)	
被保険者数	−0.575	***	−0.574	***	−0.449	***	−0.448	***
	(0.111)		(0.110)		(0.112)		(0.111)	
被保険者数 2 乗	0.001		0.001		0.017		0.017	
	(0.028)		(0.028)		(0.026)		(0.026)	
調整交付金比率	−0.031	***	−0.031	***	−0.021	**	−0.021	**
	(0.009)		(0.009)		(0.009)		(0.009)	
都道府県交付金比率	0.046	*	0.046	*	0.007		0.007	
	(0.026)		(0.026)		(0.026)		(0.026)	
市町村繰入金比率	−0.015		−0.015		−0.011		−0.011	
	(0.018)		(0.018)		(0.017)		(0.017)	
法定外繰入金割合	0.002		0.002		−0.002		−0.002	
	(0.004)		(0.004)		(0.003)		(0.003)	
共同事業交付金比率	0.011	*	0.010	*	0.001		0.001	
	(0.006)		(0.006)		(0.006)		(0.006)	
保険料収納率	0.007		0.007		0.008		0.008	
	(0.009)		(0.009)		(0.009)		(0.009)	
高齢者医療制度拠出金	−0.008		−0.008		0.003		0.003	
	(0.011)		(0.011)		(0.011)		(0.011)	
医師密度	−0.022		−0.022		−0.029	*	−0.029	*
	(0.016)		(0.016)		(0.016)		(0.016)	
歯科医師密度	−0.021	***	−0.021	***	−0.011		−0.011	
	(0.007)		(0.007)		(0.008)		(0.008)	
病床密度	0.001		0.001		0.004		0.004	
	(0.009)		(0.009)		(0.009)		(0.009)	
定数項					0.148	***	0.148	***
					(0.023)		(0.023)	
σ	0.182	***			0.179	***		
	(0.004)				(0.004)			
観測値数	1705		1705		1705		1705	
対数尤度	481.079		487.467		506.001		512.487	
決定係数			0.491				0.028	

表 4B　都市規模別の効率性スコアの記述統計

都市規模	市区保険者			町村保険者		
効率性スコア	CE	TE	AE	CE	TE	AE
平均	0.184	0.877	0.204	0.130	0.845	0.150
標準偏差	0.185	0.028	0.198	0.141	0.062	0.157
最小値	0.004	0.791	0.004	0.002	0.324	0.002
最大値	1.000	1.000	1.000	1.000	1.000	1.000
観測値数	892	892	892	813	813	813

た．結果は以下の表 4A-1・4A-2・4A-3 の通りである．

補論 B　都市規模別の効率性スコア

表 4B は都市規模別の効率性スコアをまとめたものであり，市区保険者の費用効率性スコアは町村保険者のスコアよりも低いことが分かる．表 4-2 で示した実証結果のうち，保険者規模の増加が効率性スコアに負の影響をもたらすことは，都市規模の構造的な違いによるものであると考えられる．

注
1) CRS を仮定した分析結果は，本書の紙幅の都合上割愛する．詳細は原論文の Appendix を参照されたい．
2) しかしながら，ともに 2008 年 4 月から同時に施行された制度であるため，それぞれの影響を個別に推定することはできない．
3) 平均寿命は市町村レベルのものを使用しているが，住人の全てが国保に加入しているケースは皆無であるため，被保険者の平均寿命と統計の平均寿命は正確には一致しない点には注意が必要である．
4) Yuda (2016) では，高齢化の代理変数として被保険者に占める退職者の割合を，これに加えているが，この比率の定義が 2005 年度と 2010 年度で異なることには注意が必要である．具体的には，後期高齢者医療制度の導入に伴って，

この比率の分子は，2005 年度では 65 歳以上の被保険者数であるが，2010 年度では 65〜74 歳の被保険者数となっているためである．このような定義の大幅な変化は推定結果に影響を与え，その解釈も困難にすることが考えられるので，本章ではこの割合を説明変数として採用しない．なお，本章の補論 A では，この比率を含めて分析を行った結果をまとめているが，幸いにも結果は本章の表 4-3〜4-5 のものと大きな違いはなかった．
5) 本書の付録では，全保険者の全効率性スコアをまとめている．
6) なお，技術効率性と配分効率性の相関係数は 0.015 であった．

参考文献

(英語文献)

Aigner, Dennis, C. A. Knox Lovell, and Peter Schmidt (1977) "Formulation and estimation of stochastic frontier production function models," *Journal of Econometrics*, Vol.6(1), pp.21-37.

Bates, Laurie J., Kankana Mukherjee and Rexford E. Santerre (2010) "Medical insurance coverage and health production efficiency," *Journal of Risk and Insurance*, Vol.77(1), pp.211-229.

Battese, George E. and Timothy J. Coelli (1995) "A model for technical inefficiency effects in a stochastic frontier production function for panel data," *Empirical Economics*, Vol.20(2), pp.325-332.

Belotti, Federico and Ilardi Giuseppe (2012) "Consistent estimation of the "true" fixed-effects stochastic frontier model," *CEIS Research papers*, No. 231.

Belotti, Federico, Silvio Daidone, Giuseppe Ilardi, and Vincenzo Atella (2013) "Stochastic frontier analysis using Stata," *Stata Journal*, Vol.13(4), pp.319-758.

Chandra, Amitabh, David Cutler, and Zirui Song (2012) "Who ordered that? The economics of treatment choices in medical care," in Mark V. Pauly, Thomas G. McGuire, and Pedro P. Barros (eds.) *Handbook of Health Economics*, Vol.2, pp.397-432, Elsevier.

Charnes, A., C. T. Clark, W. W. Cooper, and B. Golary (1985) "A developmental study of data envelopment analysis in measuring the efficiency of maintenance units in the U. S. air forces", *Annals of Operations Research*, vol.2(1), pp.95-112.

Coelli, Tim (1996) "A Guide to DEAP Version 2.1: A Data Envelopment Analysis (Computer) Program," *Centre for Efficiency and Productivity Analysis Working Papers*, No.8/96, The University of New England.

Coelli, Timothy J., Dodla Sai Prasada Rao, Christopher J. O'Donnell, and

George Edward Battese (2005) *An Introduction to Efficiency and Productivity Analysis*, Springer.

Cummins, J. David and Mary A. Weiss (2011) "Analyzing firm performance in the insurance industry using frontier efficiency and productivity methods," available at *Social Science Research Network (SSRN)*: http://papers.ssrn.com/sol3/papers.cfm?abstract_id=1997468 or http://dx.doi.org/10.2139/ssrn.1997468 (2014 年 10 月 1 日最終アクセス).

Dranove, David (2012) "Health care markets, regulations, and certifiers," in Mark V. Pauly, Thomas G. McGuire, and Pedro P. Barros (eds.) *Handbook of Health Economics*, Vol.2, pp.639-690, Elsevier.

Farrell, M. J. (1957) "The measurement of productive efficiency," *Journal of Royal Statistical Society*. Series A (General), Vol.120(3), pp.253-290.

Fukushima, Kazuya, Sou Mizuoka, Shunsuke Yamamoto, and Toshiaki Iizuka (2016) "Patient cost sharing and medical expenditures for the elderly," *Journal of Health Economics*, Vol.45, pp.115-130.

Greene, William H. (1980) "On the estimation of a flexible frontier production model," *Journal of Econometrics*, Vol.13(1), pp.101-115.

Greene, William H. (2005a) "Fixed and random effects in stochastic frontier models," *Journal of Productivity Analysis*, Vol.23(1), pp.7-23.

Greene, William H. (2005b) "Reconsidering heterogeneity in panel data estimators of the stochastic frontier model," *Journal of Econometrics*, Vol.126(2), pp.269-303.

Grossman, Michael (1972a) "On the concept of health capital and the demand for health," *Journal of Political Economy*, Vol.80, pp.223-255.

Grossman, Michael (1972b) *The Demand for Health: A Theoretical and Empirical Investigation*, Columbia University Press for the National Bureau of Economic Research.

Heckman, James J. and Thomas E. MaCurdy (1981) "A life cycle model of female labour supply," *Review of Economic Studies*, Vol.47(1), pp.47-74.

Hirota, Haruaki and Hideo Yunoue (2008) "Does broader-based local government affect expenditure on public long-term care insurance? The case of Japan," *Economics Bulletin*, Vol.8, pp.1-20.

Honoré, Bo E. (1992) "Trimmed lad and least squares estimation of truncated and censored regression models with fixed effects," *Econometrica*, Vol.60(3), pp.533-565.

Ikeda, Nayu, Eiko Saito, Naoki Kondo, Manami Inoue, Shunya Ikeda, Toshihiko Satoh, Koji Wada, Andrew Stickley, Kota Katanoda, Tetsuya Mizoue, Mitsuhiko Noda, Hiroyasu Iso, Yoshihisa Fujino, Tomotaka Sobue, Shoichiro Tsugane, Mohsen Naghavi, Majid Ezzati, and Kenji Shibuya (2011) "What has made the population of Japan healthy?" *Lancet*, Vol.387, pp.1094-1105.

Ikegami, Naoki, Byung-Kwang Yoo, Hideki Hashimoto, Masatoshi Matsumoto, Hiroya Ogata, Akira Babazono, Ryo Watanabe, Kenji Shibuya, Bong-Min Yang, Michael R. Reich, and Yasuki Kobayashi (2011) "Japanese universal health coverage: evolution, achievement, and challenges," *Lancet*, Vol.387, pp.1106-1115.

Jarraya, Bilel and Abdelfettah Bouri (2013) "Efficiency concept and investigations in insurance industry: A survey," *Management Science Letters*, Vol.3, pp.39-54.

Kumbhakar, Subal C. (1997) "Modeling allocative inefficiency in a trans-log cost function and cost share equations: An exact relationship," *Journal of Econometrics*, Vol.76(1-2), pp.351-356.

Kumbhakar, Subal C. and C.A. Knox Lovell (2000) *Stochastic Frontier Analysis*, Cambridge University Press.

Le Grand, Julian (2007) *The Other Invisible Hand: Delivering Public Services through Choice and Competition*, Princeton, Princeton University Press.

McGuire, Thomas G. (2000) "Physician agency," in Anthony J. Culyer and Joseph P. Newhouse (eds.) *Handbook of Health Economics*, Vol.1A, pp.461-536, Elsevier.

Meeusen, Wim and Julien van Den Broeck (1977) "Efficiency estimation from Cobb-Douglas production function with composed error," *International Economics Review*, Vol.18(2), pp.435-444.

Schmidt, Peter and C.A. Knox Lovell (1979) "Estimating technical and allocative inefficiency relative to stochastic frontier production and cost frontiers," *Journal of Econometrics*, Vol.9(3), pp.343-366.

Shigeoka, Hitoshi (2014) "The effect of patient cost sharing on utilization, health, and risk protection," *American Economic Review*, Vol.104(7), pp.2152-2184.

Yoshida, Atsushi and Akira Kawamura (2008) "Budget systems and moral hazard in the national health insurance and the long-term care insurance," 2008年度日本経済学会秋季大会報告文.

Yuda, Michio (2013) "Medical fee reforms, changes in medical supply densities, and supplier-induced demand: empirical evidence from Japan," *Hitotubashi Journal of Economics*, Vol.54(1), pp.79-93.

Yuda, Michio (2016) "Inefficiencies in the Japanese National Health Insurance System: A Stochastic Frontier Approach," *Journal of Asian Economics*, Vol.42, pp.65-77.

Zweifel, Peter. and Willard G. Manning (2000) "Moral hazard and consumer incentives in health care," in Anthony J. Culyer and Joseph P. Newhouse (eds.) *Handbook of Health Economics*, Vol.1A, pp.409-459, Elsevier.

Zweifel, Peter, Friedrich Breyer, and Mathias Kifmann (2009) *Health Economics*, Springer.

(邦語文献)

泉田信行（2003a）「日本の医療制度改革―国保改革の重要性―」,『海外社会保障研究』, Vol.145, 68-79 頁。

泉田信行（2003b）「国保制度における保険者の規模」, 山崎泰彦・尾形裕也（編）『医療制度改革と保険者機能』, 121-136 頁, 東洋経済新報社。

岩本康志・竹下智・別所正（1997）「医療保険財政と公費負担」,『フィナンシャル・レビュー』, Vol.43, 174-201 頁。

小椋正立・入船剛（1990）「わが国の人口老齢化と各公的医療保険の収支について」,『フィナンシャル・レビュー』, Vol.17, 51-77 頁。

河口洋行（2012）「公的医療保障制度と民間医療保険に関する国際比較―公私財源の役割分担とその機能―」,『成城・経済研究』, 196, 59-92 頁。

岸田研作（2002）「国民健康保険の事務費と規模の経済―近畿 7 府県の国保パネルデータを用いた分析―」,『日本経済研究』No.45, 246-261 頁。

厚生労働省（2007）『平成 19 年版厚生労働白書』，ぎょうせい。
厚生労働省（2014a）「高齢者医療制度について」．https://www.kokuho.or.jp/whlw/lib/20140519-3.pdf（2014 年 10 月 1 日最終アクセス）。
厚生労働省（2015）「平成 25 年度国民健康保険（市町村）の財政状況について 速報」．http://www.mhlw.go.jp/file/04-Houdouhappyou-12401000-Hokenkyoku-Soumuka/0000071781_1.pdf（2017 年 10 月 1 日最終アクセス）
厚生労働省（2016）「平成 26 年度国民健康保険（市町村）の財政状況について 速報」．http://www.mhlw.go.jp/file/04-Houdouhappyou-12401000-Hokenkyoku-Soumuka/0000112058.pdf（2017 年 10 月 1 日最終アクセス）。
厚生労働省（2017a）「平成 27 年度国民医療費の概況」．http://www.mhlw.go.jp/toukei/saikin/hw/k-iryohi/15/index.html（2014 年 10 月 1 日最終アクセス）。
厚生労働省（2017b）「平成 27 年度国民健康保険（市町村）の財政状況について 速報」．http://www.mhlw.go.jp/file/04-Houdouhappyou-12401000-Hokenkyoku-Soumuka/0000153105.pdf（2014 年 10 月 1 日最終アクセス）。
厚生労働省保険局国民健康保険課（2006）「国民健康保険の現状と課題」，『週刊社会保障』，Vol.2394，34-39 頁。
高齢者医療制度改革会議（2010）「高齢者のための新たな医療制度等について（最終とりまとめ）」．http://www.mhlw.go.jp/bunya/shakaihosho/iryouseido01/dl/info02d_k.pdf（2011 年 4 月 2 日現在，最終アクセス）。
鈴木亘（2001）「国民健康保険補助金制度の目的整合性とインセンティブに関する実証分析」，『生活経済研究』，Vol.16，91-103 頁。
田近栄治・油井雄二（1999）「高齢化と国民健康保険・介護保険―財政の視点から―」，『季刊社会保障研究』，Vol.35，128-140 頁。
西川雅史（2002）「市町村合併の政策評価―最適都市規模・合併協議会の設置確率―」，『日本経済研究』，No.46，61-79 頁。
西川雅史（2006）「保険税と保険料―国民健康保険制度における自治体の制度選択―」，『日本経済研究』，No.55，79-98 頁。
橋本英樹・泉田信行（2016）『医療経済学講義 補訂版』，東京大学出版会。
林正義（2002）「地方自治体の最小効率規模―地方公共サービス供給における規模の経済と混雑効果―」，『フィナンシャル・レビュー』，Vol.61，59-89 頁。
林宜嗣（1995）「自治体の国民健康保険財政」，『季刊社会保障研究』，Vol.31，243-251 頁。

古川章好（2007）「市の人口規模が行政サービス水準に与える効果」，白井正敏・大住康之・釜田公良（編）『公共経済学研究Ⅳ』，191-212頁．勁草書房．

山田武（1998）「国民健康保険の総務費と規模の経済の検討」，『国民健康保険と地方財政に関する研究』，（財）財政経済協会，17-31頁．

湯田道生（2007）「高齢者の外来医療需要における総価格弾力性の計測」，『日本経済研究』，No.57，23-52頁．

湯田道生（2010a）「国民健康保険制度が抱える諸問題が国保財政に及ぼす影響―予備的分析―」，『中京大学経済学論叢』，No.21，1-21頁．

湯田道生（2010b）「国民健康保険における被保険者の最小効率規模」，『医療経済研究』，Vol.21，No.3，305-325頁．

湯田道生・岩本康志・鈴木亘・両角良子（2012）「国民健康保険の医療費と保険料の将来予測―レセプトデータに基づく市町村別推計―」，『会計検査研究』，No.46，33-44頁．

付　　録

本付録では，3章と5章で推計された保険者ごとの最小効率規模と効率性スコアを掲載している。ただし，紙幅の都合上，2010年度の『国民健康保険事業年報』の保険者に関する各推計値のみを掲載している。したがって，市町村合併などの影響により，2章の保険者と4章の保険者は一致しない場合もある。また，1章と3章の分析において推計された保険者ごとの推計値は，それぞれの原論文のOnline appendixなどを参照されたい。

付表　全保険者の推計値

章		2章					4章		
サンプル		市区町村			二次医療圏		全サンプル		
都道府県	保険者名	2005年度被保険者数	MES	ρ_i	MES	ρ_s	CE	TE	AE
北海道	札幌市	587145	86616	6.78	86616	8.29	0.01	1.00	0.01
北海道	函館市	111193	96516	1.15	96516	1.72	0.01	1.00	0.01
北海道	小樽市	53789	94940	0.57	94940	1.07	0.16	0.94	0.17
北海道	旭川市	128718	96545	1.33	96545	1.60	0.00	0.79	0.01
北海道	室蘭市	36629	100920	0.36	100920	0.79	0.01	0.88	0.01
北海道	釧路市	65598	94718	0.69	94718	1.05	0.11	0.88	0.13
北海道	帯広市	59020	89024	0.66	89024	1.63	0.01	0.89	0.01
北海道	北見市	49720	89044	0.56	89044	1.12	0.01	0.84	0.01
北海道	夕張市	7387	89181	0.08	89181	0.93	0.01	0.87	0.01
北海道	岩見沢市	35406	93671	0.38	93671	0.89	0.09	0.85	0.11
北海道	網走市	14743	85774	0.17	85774	1.16	0.31	0.89	0.36
北海道	留萌市	7840	107400	0.07	107400	0.22	0.03	0.85	0.03
北海道	苫小牧市	55078	94500	0.58	94500	0.81	0.40	0.90	0.44
北海道	稚内市	14518	89384	0.16	89384	0.35	0.07	0.87	0.08
北海道	美唄市	12503	92029	0.14	92029	0.90	0.00	0.86	0.01
北海道	芦別市	8937	96745	0.09	96745	0.56	0.01	0.86	0.01
北海道	江別市	38213	93524	0.41	93524	7.68	0.16	0.81	0.19
北海道	赤平市	6670	98738	0.07	98738	0.55	0.44	0.92	0.48

付　録

章		2 章					4 章		
サンプル		市区町村			二次医療圏		全サンプル		
都道府県	保険者名	2005 年度 被保険者数	MES	ρ_i	MES	ρ_s	CE	TE	AE
北海道	紋別市	9918	92648	0.11	92648	0.39	0.01	0.87	0.01
北海道	士別市	9812	90482	0.11	90482	0.35	0.25	0.90	0.28
北海道	名寄市	11035	99139	0.11	99139	0.32	0.03	0.85	0.03
北海道	三笠市	6036	108399	0.06	108399	0.77	0.01	0.87	0.01
北海道	根室市	13646	85234	0.16	85234	0.49	0.38	0.91	0.42
北海道	千歳市	24236	86192	0.28	86192	8.33	0.01	0.82	0.01
北海道	滝川市	16245	90847	0.18	90847	0.60	0.01	0.86	0.01
北海道	砂川市	8010	108576	0.07	108576	0.50	0.09	0.85	0.11
北海道	深川市	11059	98277	0.11	98277	0.19	0.09	0.86	0.11
北海道	富良野市	10982	84401	0.13	84401	0.24	0.23	0.88	0.26
北海道	登別市	19050	96520	0.20	96520	0.83	0.01	0.84	0.01
北海道	恵庭市	19604	93795	0.21	93795	7.66	0.25	0.87	0.29
北海道	伊達市	15246	94513	0.16	94513	0.84	0.14	0.87	0.16
北海道	北広島市	18178	89219	0.20	89219	8.05	0.01	0.83	0.01
北海道	石狩市	21237	79729	0.27	79729	9.01	0.01	0.87	0.01
北海道	当別町	7308	5713	1.28	5713	125.68	0.18	0.87	0.21
北海道	新篠津村	2128	5741	0.37	5741	125.08	0.01	0.86	0.01
北海道	松前町	5090	5647	0.90	5647	29.35	0.71	0.95	0.75
北海道	福島町	2838	5829	0.49	5829	28.44	0.62	0.94	0.66
北海道	知内町	2253	5790	0.39	5790	28.63	0.62	0.94	0.67
北海道	木古内町	2981	5649	0.53	5649	29.34	0.51	0.92	0.55
北海道	北斗市	17463	80569	0.22	80569	2.06	0.70	0.94	0.75
北海道	七飯町	11290	5698	1.98	5698	29.09	0.29	0.87	0.34
北海道	鹿部町	2903	5689	0.51	5689	29.14	0.43	0.91	0.47
北海道	森町	9754	5702	1.71	5702	29.07	0.56	0.93	0.60
北海道	八雲町	9086	5577	1.63	5577	3.85	0.57	0.94	0.60
北海道	長万部町	3620	5667	0.64	5667	3.79	0.25	0.89	0.28
北海道	江差町	3698	5590	0.66	5590	2.20	0.14	0.88	0.16
北海道	上ノ国町	2692	5885	0.46	5885	2.09	0.36	0.90	0.40
北海道	厚沢部町	2439	5655	0.43	5655	2.18	0.69	0.95	0.72
北海道	乙部町	1863	5712	0.33	5712	2.15	0.45	0.92	0.49
北海道	奥尻町	1612	5681	0.28	5681	2.17	0.51	0.92	0.56
北海道	せたな町	5548	5609	0.99	5609	3.83	0.34	0.91	0.38
北海道	今金町	3226	5690	0.57	5690	3.77	0.12	0.87	0.14
北海道	寿都町	1696	5771	0.29	5771	17.57	0.03	0.86	0.03

章		2 章			4 章				
サンプル		市区町村			二次医療圏		全サンプル		
都道府県	保険者名	2005年度被保険者数	MES	ρ_i	MES	ρ_s	CE	TE	AE
北海道	岩内町	6683	5681	1.18	5681	17.85	0.45	0.92	0.49
北海道	余市町	9321	5730	1.63	5730	17.69	0.14	0.87	0.16
北海道	南幌町	3458	5678	0.61	5678	14.64	0.16	0.87	0.18
北海道	由仁町	3705	5745	0.64	5745	14.47	0.01	0.86	0.01
北海道	長沼町	5892	5632	1.05	5632	14.76	0.00	0.85	0.01
北海道	栗山町	6741	5624	1.20	5624	14.78	0.01	0.86	0.01
北海道	月形町	1988	5702	0.35	5702	14.58	0.09	0.86	0.11
北海道	空知中部広域連合	14391	91187	0.16	91187	0.59	0.07	0.87	0.08
北海道	妹背牛町	1994	5663	0.35	5663	3.31	0.01	0.86	0.01
北海道	秩父別町	1458	5842	0.25	5842	3.20	0.45	0.91	0.49
北海道	北竜町	1428	5838	0.24	5838	3.21	0.27	0.89	0.30
北海道	沼田町	1794	5673	0.32	5673	3.30	0.01	0.86	0.01
北海道	鷹栖町	2954	5739	0.51	5739	26.87	0.05	0.86	0.06
北海道	当麻町	3655	5808	0.63	5808	26.55	0.01	0.86	0.01
北海道	比布町	2220	5804	0.38	5804	26.57	0.01	0.86	0.01
北海道	愛別町	1959	5759	0.34	5759	26.78	0.18	0.88	0.21
北海道	上川町	2067	5686	0.36	5686	27.13	0.01	0.86	0.01
北海道	上富良野町	4691	5653	0.83	5653	3.64	0.01	0.86	0.01
北海道	中富良野町	3034	5603	0.54	5603	3.67	0.27	0.89	0.30
北海道	南富良野町	1317	5831	0.23	5831	3.53	0.14	0.87	0.16
北海道	占冠村	559	5799	0.10	5799	3.55	0.01	0.86	0.01
北海道	和寒町	2447	5705	0.43	5705	5.53	0.36	0.90	0.40
北海道	剣淵町	2245	5795	0.39	5795	5.45	0.16	0.87	0.18
北海道	下川町	1979	5747	0.34	5747	5.49	0.01	0.86	0.01
北海道	美深町	2658	5715	0.47	5715	5.52	0.12	0.87	0.13
北海道	音威子府村	405	5580	0.07	5580	5.66	0.12	0.87	0.13
北海道	中川町	980	5712	0.17	5712	5.53	0.16	0.87	0.18
北海道	増毛町	2520	5747	0.44	5747	4.03	0.01	0.85	0.01
北海道	小平町	1767	5782	0.31	5782	4.00	0.05	0.86	0.06
北海道	苫前町	2115	5685	0.37	5685	4.07	0.38	0.91	0.42
北海道	羽幌町	3746	5535	0.68	5535	4.18	0.01	0.86	0.01
北海道	初山別村	747	5911	0.13	5911	3.91	0.01	0.86	0.01
北海道	遠別町	1466	5646	0.26	5646	4.10	0.00	0.85	0.01
北海道	天塩町	1847	5657	0.33	5657	4.09	0.05	0.86	0.06
北海道	幌延町	1086	5863	0.19	5863	3.95	0.09	0.86	0.11

付　録

章		2 章					4 章			
サンプル		市区町村			二次医療圏		全サンプル			
都道府県	保険者名	2005年度被保険者数	MES	ρ_i	MES	ρ_s	CE	TE	AE	
北海道	猿払村	1432	5653	0.25	5653	5.53	0.01	0.87	0.01	
北海道	浜頓別町	1839	5700	0.32	5700	5.48	0.11	0.86	0.13	
北海道	中頓別町	1068	5780	0.18	5780	5.40	0.36	0.90	0.40	
北海道	枝幸町	4883	5715	0.85	5715	5.47	0.96	1.00	0.96	
北海道	豊富町	2424	5695	0.43	5695	5.49	0.07	0.85	0.08	
北海道	利尻町	1412	5645	0.25	5645	5.53	0.00	0.86	0.01	
北海道	利尻富士町	1749	5808	0.30	5808	5.38	0.01	0.85	0.01	
北海道	大空町	4679	5727	0.82	5727	17.45	0.27	0.88	0.30	
北海道	美幌町	9235	5638	1.64	5638	17.72	0.01	0.85	0.01	
北海道	津別町	3269	5609	0.58	5609	17.81	0.20	0.88	0.23	
北海道	斜里町	6499	5592	1.16	5592	17.87	0.07	0.86	0.08	
北海道	清里町	2788	5727	0.49	5727	17.45	0.03	0.85	0.03	
北海道	小清水町	3483	5608	0.62	5608	17.82	0.41	0.91	0.45	
北海道	訓子府町	3458	5751	0.60	5751	17.37	0.20	0.88	0.23	
北海道	置戸町	2033	5773	0.35	5773	17.30	0.40	0.91	0.44	
北海道	佐呂間町	3515	5688	0.62	5688	6.33	0.71	0.96	0.75	
北海道	遠軽町	9406	5540	1.70	5540	6.50	0.26	0.91	0.29	
北海道	湧別町	3261	5902	0.55	5902	6.10	0.07	0.87	0.08	
北海道	滝上町	1645	5723	0.29	5723	6.29	0.05	0.86	0.06	
北海道	興部町	2178	5712	0.38	5712	6.31	0.01	0.86	0.01	
北海道	西興部村	521	5747	0.09	5747	6.27	0.61	0.94	0.64	
北海道	雄武町	2767	5656	0.49	5656	6.37	0.58	0.93	0.62	
北海道	豊浦町	2473	5603	0.44	5603	14.23	0.53	0.93	0.57	
北海道	洞爺湖町	4864	5591	0.87	5591	14.26	0.23	0.90	0.26	
北海道	壮瞥町	1463	5683	0.26	5683	14.03	0.25	0.89	0.28	
北海道	白老町	9231	5725	1.61	5725	13.34	0.01	0.86	0.01	
北海道	安平町	4206	5721	0.74	5721	13.35	0.34	0.90	0.37	
北海道	厚真町	2751	5764	0.48	5764	13.25	0.60	0.94	0.64	
北海道	むかわ町	5119	5681	0.90	5681	13.45	0.54	0.93	0.58	
北海道	平取町	3172	5724	0.55	5724	6.54	0.60	0.94	0.64	
北海道	日高町	7179	5651	1.27	5651	6.63	0.54	0.92	0.59	
北海道	新冠町	3222	5638	0.57	5638	6.64	0.93	0.98	0.95	
北海道	新ひだか町	11580	5704	2.03	5704	6.57	0.20	0.88	0.23	
北海道	浦河町	6316	5604	1.13	5604	6.68	0.76	0.96	0.79	
北海道	様似町	2585	5784	0.45	5784	6.48	0.07	0.86	0.08	

付　録　　　　　　　　　　　　　　137

章		2 章					4 章		
サンプル		市区町村			二次医療圏		全サンプル		
都道府県	保険者名	2005 年度被保険者数	MES	ρ_i	MES	ρ_s	CE	TE	AE
北海道	えりも町	3402	5784	0.59	5784	6.48	0.96	0.99	0.97
北海道	音更町	16271	5716	2.85	5716	25.44	0.34	0.87	0.39
北海道	士幌町	3940	5595	0.70	5595	25.99	0.00	0.85	0.01
北海道	上士幌町	2894	5699	0.51	5699	25.52	0.34	0.90	0.37
北海道	鹿追町	2889	5705	0.51	5705	25.49	0.29	0.89	0.33
北海道	新得町	3241	5766	0.56	5766	25.22	0.01	0.86	0.01
北海道	清水町	5234	5638	0.93	5638	25.79	0.01	0.86	0.01
北海道	芽室町	8567	5621	1.52	5621	25.87	0.01	0.85	0.01
北海道	中札内村	1816	5891	0.31	5891	24.69	0.01	0.86	0.01
北海道	更別村	2034	5633	0.36	5633	25.82	0.27	0.89	0.31
北海道	大樹町	3272	5662	0.58	5662	25.68	0.31	0.90	0.35
北海道	広尾町	4102	5603	0.73	5603	25.95	0.05	0.86	0.06
北海道	幕別町	11401	5744	1.98	5744	25.32	0.23	0.89	0.26
北海道	池田町	4426	5775	0.77	5775	25.18	0.18	0.87	0.21
北海道	豊頃町	2383	5892	0.40	5892	24.68	0.12	0.87	0.13
北海道	本別町	4518	5608	0.81	5608	25.93	0.01	0.86	0.01
北海道	足寄町	4408	5680	0.78	5680	25.60	0.29	0.89	0.33
北海道	陸別町	1511	5800	0.26	5800	25.07	0.01	0.85	0.01
北海道	浦幌町	3500	5825	0.60	5825	24.97	0.01	0.87	0.01
北海道	釧路町	7624	5705	1.34	5705	17.39	0.01	0.86	0.01
北海道	厚岸町	6251	5598	1.12	5598	17.73	0.23	0.88	0.26
北海道	浜中町	4687	5807	0.81	5807	17.09	0.01	0.85	0.01
北海道	標茶町	4771	5613	0.85	5613	17.68	0.36	0.91	0.40
北海道	弟子屈町	4233	5626	0.75	5626	17.64	0.01	0.86	0.01
北海道	鶴居村	1234	5794	0.21	5794	17.13	0.25	0.89	0.28
北海道	白糠町	4830	5753	0.84	5753	17.25	0.23	0.88	0.26
北海道	別海町	10173	5688	1.79	5688	7.30	0.38	0.90	0.42
北海道	中標津町	9820	5644	1.74	5644	7.36	0.27	0.89	0.30
北海道	標津町	3460	5730	0.60	5730	7.25	0.07	0.86	0.08
北海道	羅臼町	4443	5704	0.78	5704	7.28	0.29	0.89	0.33
北海道	大雪地区広域連合	12650	5608	2.26	5608	27.50	0.10	0.86	0.12
北海道	後志広域連合						0.59	1.00	0.59
青森県	青森市	112854	84538	1.33	84538	1.53	0.01	0.91	0.01
青森県	弘前市	84637	89109	0.95	89109	1.67	0.35	0.89	0.39
青森県	八戸市	97138	87098	1.12	87098	1.72	0.01	0.85	0.01

付　録

章		2 章					4 章		
サンプル		市区町村			二次医療圏		全サンプル		
都道府県	保険者名	2005 年度被保険者数	MES	ρ_i	MES	ρ_s	CE	TE	AE
青森県	黒石市	18332	76850	0.24	76850	1.93	0.32	0.91	0.35
青森県	五所川原市	35263	72309	0.49	72309	1.31	0.25	0.89	0.28
青森県	十和田市	29701	82130	0.36	82130	1.10	0.20	0.87	0.23
青森県	三沢市	17585	81142	0.22	81142	1.12	0.32	0.90	0.36
青森県	むつ市	30032	80259	0.37	80259	0.52	0.01	0.85	0.01
青森県	平内町	7848	5683	1.38	5683	22.78	0.20	0.88	0.23
青森県	今別町	2263	5810	0.39	5810	22.28	0.12	0.87	0.13
青森県	蓬田村	1717	5877	0.29	5877	22.03	0.01	0.86	0.01
青森県	鰺ヶ沢町	8444	5688	1.48	5688	16.71	0.23	0.89	0.26
青森県	深浦町	6918	5706	1.21	5706	16.66	0.03	0.86	0.03
青森県	藤崎町	8181	5662	1.45	5662	26.26	0.49	0.92	0.54
青森県	大鰐町	6326	5697	1.11	5697	26.10	0.67	0.95	0.70
青森県	田舎館村	3760	5739	0.66	5739	25.91	0.20	0.88	0.23
青森県	板柳町	9530	5759	1.65	5759	25.82	0.61	0.95	0.64
青森県	中泊町	10062	5853	1.72	5853	16.24	0.37	0.91	0.40
青森県	鶴田町	9546	5652	1.69	5652	16.82	0.27	0.89	0.30
青森県	野辺地町	7937	5552	1.43	5552	16.34	0.05	0.86	0.06
青森県	七戸町	9674	5639	1.72	5639	16.09	0.01	0.86	0.01
青森県	六戸町	5674	5775	0.98	5775	15.71	0.14	0.87	0.16
青森県	横浜町	3085	5777	0.53	5777	15.70	0.45	0.92	0.49
青森県	東北町	11464	5766	1.99	5766	15.73	0.26	0.90	0.29
青森県	六ヶ所村	5584	5702	0.98	5702	15.91	0.05	0.86	0.06
青森県	大間町	4006	5581	0.72	5581	7.48	0.18	0.87	0.21
青森県	東通村	4381	5771	0.76	5771	7.23	0.01	0.86	0.01
青森県	風間浦村	1570	5758	0.27	5758	7.25	0.05	0.86	0.06
青森県	三戸町	7501	5580	1.34	5580	26.90	0.01	0.86	0.01
青森県	五戸町	10144	5699	1.78	5699	26.33	0.01	0.86	0.01
青森県	田子町	4326	5572	0.78	5572	26.93	0.03	0.86	0.03
青森県	南部町	11562	5639	2.05	5639	26.62	0.01	0.86	0.01
青森県	階上町	6788	5801	1.17	5801	25.87	0.01	0.86	0.01
青森県	新郷村	1937	5906	0.33	5906	25.41	0.01	0.86	0.01
青森県	つがる市	24815	72284	0.34	72284	1.31	0.44	0.90	0.48
青森県	外ヶ浜町	4753	5638	0.84	5638	22.96	0.16	0.88	0.19
青森県	平川市	16980	83763	0.20	83763	1.78	0.21	0.88	0.23
青森県	おいらせ町	10687	5608	1.91	5608	26.76	0.18	0.87	0.21

章		2 章			4 章				
サンプル		市区町村			二次医療圏		全サンプル		
都道府県	保険者名	2005年度被保険者数	MES	ρ_i	MES	ρ_s	CE	TE	AE
岩手県	盛岡市	92110	102099	0.90	102099	1.58	0.01	0.77	0.01
岩手県	宮古市	27902	86872	0.32	86872	0.58	0.12	0.88	0.13
岩手県	大船渡市	19251	89246	0.22	89246	0.39	0.01	0.86	0.01
岩手県	奥州市	52586	89520	0.59	89520	0.65	0.01	0.85	0.01
岩手県	花巻市	38543	87854	0.44	87854	0.81	0.16	0.90	0.18
岩手県	北上市	29343	85394	0.34	85394	0.83	0.18	0.86	0.21
岩手県	久慈市	19184	78950	0.24	78950	0.46	0.09	0.86	0.11
岩手県	遠野市	14878	88328	0.17	88328	0.48	0.21	0.89	0.24
岩手県	一関市	52725	87339	0.60	87339	0.70	0.01	0.89	0.01
岩手県	陸前高田市	12006	83911	0.14	83911	0.41	0.23	0.88	0.26
岩手県	釜石市	19530	99526	0.20	99526	0.42	0.34	0.91	0.37
岩手県	二戸市	16502	86376	0.19	86376	0.41	0.15	0.89	0.17
岩手県	雫石町	7670	5714	1.34	5714	28.16	0.01	0.86	0.01
岩手県	葛巻町	4862	5730	0.85	5730	28.08	0.01	0.86	0.01
岩手県	岩手町	8470	5726	1.48	5726	28.10	0.01	0.85	0.01
岩手県	八幡平市	14017	87800	0.16	87800	1.83	0.01	0.86	0.01
岩手県	滝沢村	14478	5739	2.52	5739	28.04	0.01	0.84	0.01
岩手県	紫波町	11515	5687	2.02	5687	28.30	0.01	0.85	0.01
岩手県	矢巾町	7797	5640	1.38	5640	28.53	0.16	0.86	0.19
岩手県	西和賀町	3263	5814	0.56	5814	12.24	0.18	0.88	0.21
岩手県	金ヶ崎町	5860	5673	1.03	5673	10.30	0.00	0.84	0.01
岩手県	平泉町	3640	5834	0.62	5834	10.43	0.01	0.86	0.01
岩手県	藤沢町	4463	5535	0.81	5535	10.99	0.01	0.86	0.01
岩手県	住田町	3495	5762	0.61	5762	6.03	0.16	0.87	0.18
岩手県	大槌町	7739	5722	1.35	5722	7.37	0.00	0.85	0.01
岩手県	山田町	11436	5689	2.01	5689	8.78	0.00	0.85	0.01
岩手県	岩泉町	6409	5772	1.11	5772	8.66	0.12	0.87	0.13
岩手県	田野畑村	2280	5679	0.40	5679	8.80	0.43	0.91	0.47
岩手県	普代村	2143	5767	0.37	5767	6.34	0.23	0.88	0.26
岩手県	軽米町	6724	5746	1.17	5746	6.17	0.03	0.86	0.03
岩手県	洋野町	12300	5674	2.17	5674	6.45	0.21	0.88	0.23
岩手県	野田村	2955	5864	0.50	5864	6.24	0.27	0.89	0.30
岩手県	九戸村	3798	5654	0.67	5654	6.27	0.16	0.87	0.18
岩手県	一戸町	8406	5661	1.48	5661	6.26	0.21	0.88	0.23
宮城県	仙台市	320472	88098	3.64	88098	4.87	0.07	0.65	0.11

付　録

章		2 章					4 章		
サンプル		市区町村			二次医療圏		全サンプル		
都道府県	保険者名	2005年度被保険者数	MES	ρ_i	MES	ρ_s	CE	TE	AE
宮城県	石巻市	72386	89270	0.81	89270	1.05	0.26	0.88	0.29
宮城県	塩竈市	22870	91079	0.25	91079	4.71	0.01	0.87	0.01
宮城県	気仙沼市	30477	91409	0.33	91409	0.39	0.63	0.94	0.67
宮城県	白石市	15501	88208	0.18	88208	0.31	0.03	0.87	0.03
宮城県	名取市	22277	87358	0.26	87358	4.92	0.00	0.78	0.01
宮城県	角田市						0.01	0.86	0.01
宮城県	多賀城市						0.00	0.80	0.01
宮城県	岩沼市						0.00	0.81	0.01
宮城県	蔵王町	5762	5722	1.01	5722	4.80	0.01	0.86	0.01
宮城県	七ヶ宿町	1015	5836	0.17	5836	4.71	0.01	0.86	0.01
宮城県	大河原町						0.05	0.81	0.06
宮城県	村田町	5187	5802	0.89	5802	4.73	0.14	0.87	0.16
宮城県	柴田町						0.01	0.83	0.01
宮城県	川崎町						0.01	0.85	0.01
宮城県	丸森町						0.05	0.86	0.06
宮城県	亘理町	13367	5758	2.32	5758	74.58	0.25	0.89	0.28
宮城県	山元町	7668	5580	1.37	5580	76.96	0.01	0.85	0.01
宮城県	松島町	6800	5756	1.18	5756	74.60	0.07	0.87	0.08
宮城県	七ヶ浜町	7145	5804	1.23	5804	73.98	0.05	0.86	0.06
宮城県	利府町	8201	5689	1.44	5689	75.48	0.01	0.85	0.01
宮城県	大和町	8293	5665	1.46	5665	75.81	0.33	0.89	0.38
宮城県	大郷町						0.01	0.85	0.01
宮城県	富谷町	10353	5702	1.82	5702	75.31	0.01	0.82	0.01
宮城県	大衡村	1986	5864	0.34	5864	73.23	0.03	0.86	0.03
宮城県	色麻町						0.60	0.93	0.64
宮城県	涌谷町	8728	5617	1.55	5617	31.48	0.39	0.91	0.42
宮城県	女川町	5760	5741	1.00	5741	16.40	0.58	0.93	0.62
宮城県	加美町	13030	5832	2.23	5832	30.32	0.40	0.92	0.44
宮城県	栗原市	32984	92556	0.36	92556	1.91	0.47	0.93	0.50
宮城県	登米市	42681	79596	0.54	79596	2.22	0.22	0.88	0.25
宮城県	東松島市	16016	130342	0.12	130342	0.72	0.47	0.90	0.52
宮城県	美里町	11936	5725	2.08	5725	30.89	0.23	0.89	0.26
宮城県	南三陸町	10714	5692	1.88	5692	31.06	0.56	0.94	0.60
宮城県	大崎市	56757	79030	0.72	79030	2.24	0.25	0.89	0.29
秋田県	秋田市	105229	98583	1.07	98583	1.48	0.09	0.76	0.12

章		2 章					4 章		
サンプル		市区町村			二次医療圏		全サンプル		
都道府県	保険者名	2005年度被保険者数	MES	ρ_i	MES	ρ_s	CE	TE	AE
秋田県	大館市	34144	99261	0.34	99261	0.54	0.45	0.88	0.51
秋田県	鹿角市	16192	93089	0.17	93089	0.57	0.01	0.85	0.01
秋田県	小坂町	3095	5891	0.53	5891	9.07	0.36	0.90	0.40
秋田県	上小阿仁村	1590	5777	0.28	5777	3.07	0.49	0.92	0.53
秋田県	藤里町	2033	5820	0.35	5820	7.20	0.45	0.92	0.49
秋田県	五城目町	4793	5836	0.82	5836	24.92	0.12	0.88	0.13
秋田県	八郎潟町	2670	5611	0.48	5611	25.92	0.03	0.88	0.03
秋田県	井川町	1908	5791	0.33	5791	25.11	0.00	0.85	0.01
秋田県	大潟村	2575	5857	0.44	5857	24.83	0.01	0.85	0.01
秋田県	羽後町	8723	5593	1.56	5593	6.36	0.12	0.86	0.13
秋田県	東成瀬村	1471	5804	0.25	5804	6.13	0.18	0.88	0.21
秋田県	由利本荘市	34567	89787	0.38	89787	0.51	0.14	0.86	0.16
秋田県	潟上市	12471	88439	0.14	88439	1.64	0.05	0.85	0.06
秋田県	大仙市	41036	84245	0.49	84245	0.79	0.12	0.86	0.14
秋田県	北秋田市	16160	91403	0.18	91403	0.19	0.01	0.90	0.01
秋田県	湯沢市	25381	80648	0.31	80648	0.44	0.16	0.86	0.18
秋田県	男鹿市	15801	84627	0.19	84627	1.72	0.01	0.85	0.01
秋田県	にかほ市	10859	91060	0.12	91060	0.50	0.01	0.86	0.01
秋田県	横手市	44593	81795	0.55	81795	0.55	0.10	0.90	0.11
秋田県	能代市	27004	91167	0.30	91167	0.46	0.25	0.88	0.28
秋田県	仙北市	15386	77748	0.20	77748	0.86	0.03	0.88	0.03
秋田県	美郷町	10204	5817	1.75	5817	11.45	0.09	0.87	0.11
秋田県	三種町	8848	5774	1.53	5774	7.26	0.35	0.92	0.38
秋田県	八峰町	4015	5832	0.69	5832	7.18	0.36	0.91	0.40
山形県	山形市	87229	95226	0.92	95226	2.21	0.25	0.80	0.31
山形県	米沢市	32180	89602	0.36	89602	0.99	0.32	0.90	0.36
山形県	鶴岡市	58589	85887	0.68	85887	1.48	0.35	0.93	0.37
山形県	酒田市	47614	89683	0.53	89683	1.42	0.14	0.88	0.16
山形県	新庄市	17791	84216	0.21	84216	0.49	0.03	0.85	0.03
山形県	寒河江市	15626	86244	0.18	86244	2.44	0.09	0.86	0.11
山形県	上山市	14002	90985	0.15	90985	2.32	0.23	0.88	0.26
山形県	村山市	11321	93802	0.12	93802	2.25	0.14	0.86	0.16
山形県	長井市	11083	85986	0.13	85986	1.03	0.23	0.88	0.26
山形県	天童市	23361	85278	0.27	85278	2.47	0.18	0.86	0.21
山形県	東根市	16992	91372	0.19	91372	2.31	0.25	0.88	0.28

章		2 章					4 章		
サンプル		市区町村			二次医療圏		全サンプル		
都道府県	保険者名	2005年度被保険者数	MES	ρ_i	MES	ρ_s	CE	TE	AE
山形県	尾花沢市	10070	89612	0.11	89612	2.35	0.03	0.86	0.03
山形県	南陽市	13707	83128	0.16	83128	1.07	0.27	0.88	0.31
山形県	中山町	4411	5852	0.75	5852	36.01	0.05	0.86	0.06
山形県	山辺町	5374	5843	0.92	5843	36.06	0.25	0.88	0.28
山形県	大江町	3922	5740	0.68	5740	36.71	0.09	0.86	0.11
山形県	朝日町	4144	5665	0.73	5665	37.20	0.05	0.86	0.06
山形県	西川町	2775	5749	0.48	5749	36.65	0.05	0.86	0.06
山形県	河北町	7618	5642	1.35	5642	37.35	0.36	0.88	0.41
山形県	大石田町	3876	5745	0.67	5745	36.68	0.34	0.90	0.37
山形県	舟形町	2947	5816	0.51	5816	7.10	0.07	0.86	0.08
山形県	大蔵村	2027	5885	0.34	5885	7.02	0.31	0.90	0.35
山形県	最上町	5422	5669	0.96	5669	7.29	0.29	0.90	0.33
山形県	高畠町	10688	5681	1.88	5681	15.61	0.16	0.87	0.18
山形県	川西町	7643	5547	1.38	5547	15.99	0.18	0.87	0.21
山形県	白鷹町	6511	5665	1.15	5665	15.66	0.18	0.88	0.21
山形県	飯豊町	3253	5681	0.57	5681	15.61	0.32	0.90	0.35
山形県	小国町	3629	5647	0.64	5647	15.71	0.00	0.86	0.01
山形県	三川町	3347	5738	0.58	5738	22.23	0.16	0.86	0.18
山形県	遊佐町	7010	5708	1.23	5708	22.35	0.18	0.88	0.21
山形県	庄内町	10978	5680	1.93	5680	22.45	0.32	0.89	0.35
山形県	最上地区広域連合						0.28	0.91	0.31
福島県	福島市	101014	102223	0.99	102223	1.85	0.18	0.79	0.23
福島県	二本松市	24886	74338	0.33	74338	2.55	0.35	0.91	0.39
福島県	郡山市	120158	83568	1.44	83568	2.56	0.19	0.79	0.24
福島県	須賀川市	31248	75505	0.41	75505	2.83	0.01	0.82	0.01
福島県	白河市	24520	79553	0.31	79553	0.76	0.16	0.86	0.19
福島県	会津若松市	52076	86886	0.60	86886	1.35	0.23	0.89	0.26
福島県	喜多方市	23705	83936	0.28	83936	1.40	0.17	0.90	0.19
福島県	いわき市	129768	88462	1.47	88462	1.47	0.03	0.89	0.03
福島県	相馬市	16251	75935	0.21	75935	0.97	0.20	0.86	0.24
福島県	川俣町	7025	5739	1.22	5739	32.97	0.03	0.86	0.03
福島県	桑折町	5756	5823	0.99	5823	32.49	0.25	0.88	0.28
福島県	国見町	4710	5542	0.85	5542	34.14	0.24	0.87	0.28
福島県	大玉村	3010	5737	0.52	5737	32.98	0.16	0.87	0.18
福島県	鏡石町	5465	5750	0.95	5750	37.18	0.01	0.86	0.01

付　録

章		2 章					4 章		
サンプル		市区町村			二次医療圏		全サンプル		
都道府県	保険者名	2005 年度 被保険者数	MES	ρ_i	MES	ρ_s	CE	TE	AE
福島県	天栄村	2712	5797	0.47	5797	36.88	0.01	0.85	0.01
福島県	南会津町	9333	5606	1.66	5606	2.83	0.30	0.90	0.34
福島県	下郷町	3623	5733	0.63	5733	2.77	0.41	0.91	0.45
福島県	檜枝岐村	375	5895	0.06	5895	2.69	0.01	0.86	0.01
福島県	只見町	2550	5668	0.45	5668	2.80	0.01	0.86	0.01
福島県	磐梯町	1702	5650	0.30	5650	20.78	0.07	0.86	0.08
福島県	猪苗代町	7159	5659	1.27	5659	20.75	0.01	0.86	0.01
福島県	北塩原村	1530	5912	0.26	5912	19.86	0.27	0.89	0.31
福島県	西会津町	4630	5831	0.79	5831	20.13	0.01	0.86	0.01
福島県	会津坂下町	7981	5629	1.42	5629	20.85	0.03	0.85	0.03
福島県	湯川村	1385	5661	0.24	5661	20.74	0.10	0.86	0.11
福島県	柳津町	2197	5892	0.37	5892	19.92	0.01	0.86	0.01
福島県	会津美里町	10942	5676	1.93	5676	20.68	0.10	0.87	0.11
福島県	三島町	1156	5561	0.21	5561	21.11	0.09	0.86	0.11
福島県	金山町	1824	5877	0.31	5877	19.98	0.12	0.87	0.13
福島県	昭和村	1101	5904	0.19	5904	19.88	0.07	0.86	0.08
福島県	棚倉町	6428	5749	1.12	5749	10.57	0.25	0.90	0.28
福島県	矢祭町	3217	5731	0.56	5731	10.60	0.05	0.86	0.06
福島県	塙町	4921	5597	0.88	5597	10.85	0.18	0.88	0.21
福島県	鮫川村	2163	5875	0.37	5875	10.34	0.01	0.86	0.01
福島県	西郷村	6553	5701	1.15	5701	10.66	0.01	0.86	0.01
福島県	泉崎村	2783	5632	0.49	5632	10.79	0.09	0.86	0.11
福島県	中島村	2239	5844	0.38	5844	10.40	0.20	0.88	0.23
福島県	矢吹町	7928	5662	1.40	5662	10.73	0.01	0.85	0.01
福島県	石川町	8113	5739	1.41	5739	37.25	0.01	0.86	0.01
福島県	玉川村	3052	5835	0.52	5835	36.64	0.01	0.86	0.01
福島県	平田村	3487	5708	0.61	5708	37.45	0.01	0.86	0.01
福島県	浅川町	3023	5845	0.52	5845	36.57	0.01	0.86	0.01
福島県	古殿町	3105	5733	0.54	5733	37.29	0.05	0.86	0.06
福島県	三春町	7835	5768	1.36	5768	37.06	0.12	0.87	0.13
福島県	小野町	5596	5611	1.00	5611	38.10	0.09	0.87	0.11
福島県	広野町	1861	5893	0.32	5893	12.55	0.03	0.86	0.03
福島県	楢葉町	3115	5811	0.54	5811	12.73	0.18	0.88	0.21
福島県	富岡町	5533	5741	0.96	5741	12.89	0.25	0.88	0.28
福島県	川内村	1616	5677	0.28	5677	13.03	0.29	0.89	0.33

章		2 章					4 章		
サンプル		市区町村			二次医療圏		全サンプル		
都道府県	保険者名	2005 年度 被保険者数	MES	ρ_i	MES	ρ_s	CE	TE	AE
福島県	大熊町	3721	5571	0.67	5571	13.28	0.27	0.88	0.31
福島県	双葉町	2768	5628	0.49	5628	13.15	0.12	0.86	0.13
福島県	浪江町						0.33	0.88	0.37
福島県	葛尾村	1004	5839	0.17	5839	12.67	0.36	0.90	0.40
福島県	新地町	3609	5810	0.62	5810	12.74	0.29	0.89	0.33
福島県	飯舘村	3749	5822	0.64	5822	12.71	0.50	0.93	0.54
福島県	田村市	19984	76877	0.26	76877	2.78	0.18	0.87	0.21
福島県	南相馬市	30763	79333	0.39	79333	0.93	0.10	0.86	0.11
福島県	伊達市	28781	81739	0.35	81739	2.31	0.01	0.83	0.01
福島県	本宮市						0.08	0.97	0.09
茨城県	水戸市	104455	72490	1.44	72490	4.40	0.04	0.75	0.06
茨城県	日立市	66247	81431	0.81	81431	1.06	0.14	0.83	0.17
茨城県	土浦市	58611	78568	0.75	78568	2.67	0.01	0.84	0.01
茨城県	古河市	62799	73593	0.85	73593	0.85	0.12	0.82	0.15
茨城県	石岡市	36751	76488	0.48	76488	2.74	0.01	0.85	0.01
茨城県	結城市	24579	71530	0.34	71530	1.42	0.23	0.85	0.27
茨城県	龍ヶ崎市	27076	76664	0.35	76664	1.30	0.05	0.81	0.06
茨城県	下妻市	21893	65515	0.33	65515	2.21	0.09	0.84	0.11
茨城県	常総市	29319	73332	0.40	73332	1.98	0.18	0.86	0.21
茨城県	常陸太田市	24236	85735	0.28	85735	3.72	0.13	0.86	0.15
茨城県	高萩市						0.16	0.82	0.20
茨城県	北茨城市	20148	88288	0.23	88288	0.98	0.15	0.84	0.18
茨城県	取手市	42634	80717	0.53	80717	1.23	0.10	0.79	0.12
茨城県	茨城町	16936	5624	3.01	5624	56.69	0.01	0.86	0.01
茨城県	大洗町	9889	5739	1.72	5739	55.55	0.00	0.85	0.01
茨城県	東海村	11103	5681	1.95	5681	56.13	0.03	0.84	0.03
茨城県	那珂市	21724	85351	0.25	85351	3.74	0.60	0.92	0.66
茨城県	常陸大宮市	21775	78650	0.28	78650	4.05	0.09	0.84	0.11
茨城県	大子町	12036	5753	2.09	5753	55.42	0.05	0.85	0.06
茨城県	鹿嶋市						0.30	0.86	0.34
茨城県	神栖市						0.00	0.79	0.00
茨城県	潮来市	15036	75782	0.20	75782	0.50	0.01	0.86	0.01
茨城県	美浦村	6771	5595	1.21	5595	37.45	0.17	0.85	0.20
茨城県	阿見町	17738	5564	3.19	5564	37.66	0.05	0.81	0.06
茨城県	牛久市	25088	91707	0.27	91707	2.28	0.13	0.81	0.16

章		2 章					4 章		
サンプル		市区町村			二次医療圏		全サンプル		
都道府県	保険者名	2005年度被保険者数	MES	ρ_i	MES	ρ_s	CE	TE	AE
茨城県	河内町	5611	5844	0.96	5844	17.02	0.00	0.85	0.00
茨城県	八千代町						0.03	0.83	0.03
茨城県	五霞町						0.28	0.88	0.32
茨城県	境町						0.37	0.87	0.43
茨城県	守谷市	16580	69723	0.24	69723	1.43	0.00	0.78	0.01
茨城県	利根町	7549	5757	1.31	5757	17.27	0.01	0.85	0.01
茨城県	つくば市	63923	80338	0.80	80338	1.80	0.00	0.68	0.01
茨城県	ひたちなか市	51578	79106	0.65	79106	4.03	0.01	0.82	0.01
茨城県	城里町	10323	5726	1.80	5726	55.68	0.01	0.84	0.01
茨城県	稲敷市	22372	83927	0.27	83927	2.50	0.05	0.82	0.06
茨城県	坂東市	29789	63460	0.47	63460	2.28	0.35	0.89	0.39
茨城県	筑西市	52202	74259	0.70	74259	1.37	0.05	0.83	0.05
茨城県	かすみがうら市	18700	81359	0.23	81359	2.58	0.13	0.83	0.15
茨城県	行方市	22622	75263	0.30	75263	0.50	0.01	0.84	0.01
茨城県	桜川市	24622	72246	0.34	72246	1.40	0.22	0.88	0.25
茨城県	鉾田市	32793	70006	0.47	70006	0.47	0.01	0.83	0.01
茨城県	つくばみらい市						0.15	0.83	0.18
茨城県	笠間市	34778	78588	0.44	78588	4.06	0.01	0.82	0.01
茨城県	小美玉市	23507	65865	0.36	65865	3.18	0.02	0.82	0.03
栃木県	宇都宮市	163318	80288	2.03	80288	3.73	0.16	0.76	0.21
栃木県	足利市	68680	83565	0.82	83565	1.47	0.33	0.87	0.38
栃木県	栃木市	35453	83341	0.43	83341	1.85	0.16	0.89	0.18
栃木県	佐野市	53787	82157	0.65	82157	1.49	0.43	0.87	0.50
栃木県	鹿沼市	42319	81124	0.52	81124	1.08	0.25	0.88	0.29
栃木県	日光市	42469	82569	0.51	82569	1.06	0.01	0.86	0.01
栃木県	小山市	60505	72270	0.84	72270	2.13	0.03	0.82	0.03
栃木県	真岡市	25969	70445	0.37	70445	4.25	0.03	0.89	0.03
栃木県	大田原市	32810	75261	0.44	75261	1.90	0.23	0.88	0.26
栃木県	矢板市	13640	77398	0.18	77398	1.84	0.25	0.90	0.28
栃木県	那須塩原市	48793	74379	0.66	74379	1.92	0.07	0.85	0.08
栃木県	上三川町	10447	5727	1.82	5727	52.33	0.01	0.85	0.01
栃木県	西方町	2974	5579	0.53	5579	15.73	0.07	0.86	0.08
栃木県	益子町	11399	5750	1.98	5750	52.12	0.01	0.85	0.01
栃木県	茂木町	7746	5864	1.32	5864	51.11	0.01	0.86	0.01
栃木県	市貝町	4944	5865	0.84	5865	51.10	0.01	0.86	0.01

付　録

章		2 章					4 章		
サンプル		市区町村			二次医療圏		全サンプル		
都道府県	保険者名	2005 年度被保険者数	MES	ρ_i	MES	ρ_s	CE	TE	AE
栃木県	芳賀町	7336	5762	1.27	5762	52.01	0.05	0.86	0.06
栃木県	壬生町	15847	5520	2.87	5520	27.91	0.03	0.85	0.03
栃木県	下野市	20380	97035	0.21	97035	3.09	0.01	0.75	0.01
栃木県	野木町	9614	5717	1.68	5717	26.95	0.31	0.89	0.36
栃木県	岩舟町	7949	5829	1.36	5829	26.44	0.25	0.88	0.29
栃木県	塩谷町	5900	5727	1.03	5727	24.92	0.20	0.88	0.23
栃木県	さくら市	16245	76106	0.21	76106	1.88	0.29	0.89	0.33
栃木県	高根沢町	10518	5725	1.84	5725	24.93	0.18	0.87	0.21
栃木県	那須烏山市	14391	82269	0.17	82269	3.64	0.23	0.89	0.26
栃木県	那珂川町	9645	5705	1.69	5705	52.53	0.03	0.85	0.03
栃木県	那須町	14819	5705	2.60	5705	25.02	0.12	0.86	0.13
群馬県	前橋市	125321	92073	1.36	92073	1.46	0.02	0.77	0.02
群馬県	高崎市	119742	83043	1.44	83043	1.76	0.06	0.76	0.08
群馬県	桐生市	56993	88097	0.65	88097	0.90	0.01	0.88	0.01
群馬県	伊勢崎市	81827	79394	1.03	79394	1.18	0.01	0.81	0.01
群馬県	太田市	80608	78632	1.03	78632	1.98	0.01	0.79	0.01
群馬県	沼田市	27162	87399	0.31	87399	0.56	0.11	0.94	0.12
群馬県	館林市	32495	79629	0.41	79629	1.95	0.12	0.86	0.13
群馬県	渋川市	38350	77434	0.50	77434	0.65	0.01	0.84	0.01
群馬県	藤岡市	29032	86381	0.34	86381	0.48	0.01	0.83	0.01
群馬県	富岡市	23179	84369	0.27	84369	0.44	0.01	0.87	0.01
群馬県	安中市	26421	86661	0.30	86661	1.69	0.01	0.85	0.01
群馬県	榛東村	5533	5797	0.95	5797	8.71	0.18	0.87	0.21
群馬県	吉岡町	6627	5743	1.15	5743	8.79	0.03	0.84	0.03
群馬県	神流町	1492	5749	0.26	5749	7.21	0.01	0.86	0.01
群馬県	上野村	759	5842	0.13	5842	7.10	0.01	0.86	0.01
群馬県	下仁田町	5263	5631	0.93	5631	6.53	0.01	0.87	0.01
群馬県	南牧村	1848	5898	0.31	5898	6.24	0.01	0.86	0.01
群馬県	甘楽町	6484	5861	1.11	5861	6.27	0.01	0.85	0.01
群馬県	中之条町	7816	5662	1.38	5662	5.65	0.01	0.85	0.01
群馬県	長野原町	3303	5687	0.58	5687	5.63	0.01	0.86	0.01
群馬県	嬬恋村	6396	5804	1.10	5804	5.51	0.03	0.86	0.03
群馬県	草津町	3789	5573	0.68	5573	5.74	0.25	0.89	0.28
群馬県	高山村	2029	5835	0.35	5835	5.49	0.01	0.86	0.01
群馬県	片品村	3354	5794	0.58	5794	8.50	0.16	0.87	0.18

章		2 章					4 章		
サンプル		市区町村			二次医療圏		全サンプル		
都道府県	保険者名	2005年度被保険者数	MES	ρ_i	MES	ρ_s	CE	TE	AE
群馬県	川場村	1893	5621	0.34	5621	8.76	0.01	0.86	0.01
群馬県	昭和村	4859	5844	0.83	5844	8.43	0.10	0.87	0.11
群馬県	玉村町	12088	5793	2.09	5793	16.21	0.07	0.85	0.08
群馬県	板倉町	7493	5887	1.27	5887	26.42	0.19	0.88	0.21
群馬県	明和町	4411	5829	0.76	5829	26.69	0.16	0.88	0.18
群馬県	千代田町	4690	5872	0.80	5872	26.49	0.33	0.89	0.37
群馬県	大泉町	15053	5790	2.60	5790	26.87	0.32	0.89	0.35
群馬県	邑楽町	10815	5765	1.88	5765	26.98	0.12	0.87	0.13
群馬県	みなかみ町	11975	5688	2.11	5688	8.66	0.01	0.87	0.01
群馬県	みどり市	21989	88973	0.25	88973	0.89	0.03	0.87	0.03
群馬県	東吾妻町	7749	5636	1.38	5636	5.68	0.01	0.87	0.01
埼玉県	川越市	116907	88964	1.31	88964	6.44	0.01	0.75	0.01
埼玉県	熊谷市	68595	81632	0.84	81632	1.75	0.11	0.90	0.12
埼玉県	川口市	190497	79171	2.41	79171	10.55	0.23	0.74	0.31
埼玉県	行田市	32524	78948	0.41	78948	2.71	0.20	0.88	0.23
埼玉県	秩父市	30250	88318	0.34	88318	0.56	0.14	0.89	0.16
埼玉県	所沢市	118634	94614	1.25	94614	6.05	0.01	0.89	0.01
埼玉県	飯能市	31377	79229	0.40	79229	1.70	0.01	0.87	0.01
埼玉県	加須市	24122	83917	0.29	83917	2.55	0.10	0.86	0.11
埼玉県	本庄市	31807	77021	0.41	77021	0.69	0.20	0.84	0.24
埼玉県	東松山市	31895	78661	0.41	78661	1.00	0.01	0.85	0.01
埼玉県	春日部市	89537	80903	1.11	80903	5.46	0.01	0.86	0.04
埼玉県	狭山市	56112	84235	0.67	84235	6.80	0.01	0.82	0.01
埼玉県	羽生市	20819	83227	0.25	83227	2.57	0.25	0.86	0.29
埼玉県	鴻巣市	38998	84476	0.46	84476	9.89	0.01	0.82	0.01
埼玉県	深谷市	55415	78927	0.70	78927	1.81	0.05	0.83	0.06
埼玉県	上尾市	75000	86666	0.87	86666	9.64	0.01	0.79	0.01
埼玉県	草加市	91001	74851	1.22	74851	5.90	0.07	0.79	0.09
埼玉県	越谷市	116874	85806	1.36	85806	5.14	0.03	0.77	0.04
埼玉県	蕨市	27259	81014	0.34	81014	10.31	0.17	0.89	0.19
埼玉県	戸田市	40010	71282	0.56	71282	11.72	0.01	0.79	0.01
埼玉県	入間市	52814	76473	0.69	76473	7.49	0.07	0.80	0.09
埼玉県	鳩ヶ谷市	23596	82823	0.28	82823	10.08	0.01	0.84	0.01
埼玉県	朝霞市	40037	81681	0.49	81681	7.01	0.07	0.85	0.09
埼玉県	志木市	24127	75585	0.32	75585	7.58	0.01	0.86	0.01

付　録

章		2 章			二次医療圏		4 章 全サンプル		
サンプル		市区町村							
都道府県	保険者名	2005年度 被保険者数	MES	ρ_i	MES	ρ_s	CE	TE	AE
埼玉県	和光市	21613	79385	0.27	79385	7.21	0.01	0.82	0.01
埼玉県	新座市	57455	80091	0.72	80091	7.15	0.01	0.82	0.01
埼玉県	桶川市	25638	88128	0.29	88128	9.48	0.09	0.85	0.11
埼玉県	久喜市	25163	80529	0.31	80529	2.66	0.03	0.82	0.04
埼玉県	北本市	23889	90169	0.26	90169	9.26	0.01	0.81	0.01
埼玉県	八潮市	34196	70135	0.49	70135	6.29	0.00	0.80	0.01
埼玉県	富士見市	37390	81237	0.46	81237	7.05	0.01	0.80	0.01
埼玉県	ふじみ野市	33936	86106	0.39	86106	6.65	0.01	0.81	0.01
埼玉県	三郷市	54670	71575	0.76	71575	6.17	0.15	0.82	0.19
埼玉県	蓮田市	21424	85354	0.25	85354	5.17	0.01	0.84	0.01
埼玉県	伊奈町	11579	5530	2.09	5530	151.03	0.22	0.86	0.26
埼玉県	三芳町	13684	5671	2.41	5671	100.99	0.01	0.84	0.01
埼玉県	坂戸市	35250	76334	0.46	76334	1.77	0.22	0.85	0.26
埼玉県	毛呂山町	13638	5443	2.51	5443	24.75	0.30	1.00	0.30
埼玉県	越生町	5554	5730	0.97	5730	23.51	0.18	0.87	0.21
埼玉県	鶴ヶ島市	22729	70566	0.32	70566	1.91	0.12	0.86	0.14
埼玉県	日高市	20201	77337	0.26	77337	1.74	0.01	0.71	0.01
埼玉県	滑川町	4774	5782	0.83	5782	13.65	0.23	0.87	0.26
埼玉県	嵐山町	6967	5665	1.23	5665	13.93	0.18	0.87	0.21
埼玉県	小川町	12675	5627	2.25	5627	14.02	0.25	0.89	0.29
埼玉県	ときがわ町	5247	5755	0.91	5755	13.71	0.32	0.90	0.36
埼玉県	川島町	7975	5808	1.37	5808	13.59	0.45	0.91	0.49
埼玉県	吉見町	7689	5760	1.33	5760	13.70	0.27	0.89	0.30
埼玉県	鳩山町	5991	5761	1.04	5761	23.39	0.01	0.86	0.01
埼玉県	横瀬町	3839	5809	0.66	5809	8.44	0.09	0.86	0.11
埼玉県	皆野町	4836	5681	0.85	5681	8.63	0.14	0.87	0.16
埼玉県	長瀞町	3717	5715	0.65	5715	8.58	0.18	0.88	0.21
埼玉県	小鹿野町	6389	5723	1.12	5723	8.57	0.09	0.87	0.11
埼玉県	東秩父村	1678	5835	0.29	5835	13.52	0.01	0.86	0.01
埼玉県	美里町	4489	5837	0.77	5837	9.17	0.27	0.89	0.30
埼玉県	神川町	6094	5887	1.04	5887	9.09	0.33	0.89	0.38
埼玉県	上里町	11136	5883	1.89	5883	9.10	0.07	0.84	0.08
埼玉県	寄居町	14551	5696	2.55	5696	25.09	0.49	0.92	0.54
埼玉県	宮代町	12660	5796	2.18	5796	36.91	0.38	0.90	0.42
埼玉県	白岡町	15381	5675	2.71	5675	37.69	0.47	0.88	0.53

付　録

章		2章					4章		
サンプル		市区町村			二次医療圏		全サンプル		
都道府県	保険者名	2005年度被保険者数	MES	ρ_i	MES	ρ_s	CE	TE	AE
埼玉県	幸手市	20330	83247	0.24	83247	2.57	0.43	0.89	0.48
埼玉県	杉戸町	17289	5651	3.06	5651	37.85	0.12	0.87	0.14
埼玉県	松伏町	11476	5662	2.03	5662	77.97	0.09	0.84	0.11
埼玉県	吉川市	22277	64403	0.35	64403	6.85	0.01	0.85	0.01
埼玉県	さいたま市	378775	86330	4.39	86330	9.67	0.03	0.52	0.05
千葉県	千葉市	320380	87787	3.65	87787	3.65	0.07	0.64	0.11
千葉県	銚子市	38281	87843	0.44	87843	1.86	0.23	0.92	0.25
千葉県	市川市	155406	79254	1.96	79254	6.83	0.21	0.83	0.25
千葉県	船橋市	193847	92517	2.10	92517	5.85	0.00	0.69	0.01
千葉県	館山市	25844	87739	0.29	87739	0.85	0.22	0.86	0.26
千葉県	木更津市	53325	81027	0.66	81027	1.72	0.65	0.89	0.73
千葉県	松戸市	172021	88907	1.93	88907	5.22	0.03	0.78	0.03
千葉県	野田市	60876	76278	0.80	76278	6.08	0.01	0.80	0.01
千葉県	香取市	43468	75822	0.57	75822	2.16	0.21	0.83	0.26
千葉県	茂原市	37804	77420	0.49	77420	2.87	0.08	0.86	0.09
千葉県	成田市	42287	79001	0.54	79001	4.46	0.36	0.85	0.42
千葉県	佐倉市	58267	95291	0.61	95291	3.70	0.22	0.85	0.26
千葉県	東金市	26500	72836	0.36	72836	4.84	0.55	0.92	0.60
千葉県	匝瑳市	23123	75167	0.31	75167	2.18	0.37	0.88	0.42
千葉県	旭市	38508	84138	0.46	84138	1.94	0.59	0.89	0.66
千葉県	習志野市	50285	83169	0.60	83169	6.51	0.08	0.79	0.10
千葉県	柏市	131935	84684	1.56	84684	5.48	0.28	0.76	0.37
千葉県	勝浦市	10862	86465	0.13	86465	2.57	0.14	0.87	0.16
千葉県	市原市	110246	81093	1.36	81093	2.74	0.03	0.81	0.03
千葉県	流山市	53304	81566	0.65	81566	5.69	0.01	0.78	0.01
千葉県	八千代市	62895	82012	0.77	82012	6.60	0.19	0.76	0.26
千葉県	我孫子市	45966	81502	0.56	81502	5.69	0.07	0.80	0.09
千葉県	鴨川市	17702	100721	0.18	100721	0.74	0.19	0.83	0.22
千葉県	鎌ヶ谷市	39282	90833	0.43	90833	5.96	0.11	0.82	0.14
千葉県	君津市	37862	78893	0.48	78893	1.77	0.50	0.90	0.55
千葉県	富津市	25396	70605	0.36	70605	1.97	0.19	0.87	0.22
千葉県	浦安市	39798	86747	0.46	86747	6.24	0.21	0.81	0.26
千葉県	四街道市	31426	85883	0.37	85883	4.10	0.01	0.82	0.01
千葉県	酒々井町	7534	5856	1.29	5856	60.14	0.34	0.90	0.37
千葉県	八街市	33821	69805	0.48	69805	5.05	0.12	0.87	0.14

章		2章			4章				
サンプル		市区町村			二次医療圏		全サンプル		
都道府県	保険者名	2005年度被保険者数	MES	ρ_i	MES	ρ_s	CE	TE	AE
千葉県	富里市	20696	67530	0.31	67530	5.22	0.16	0.88	0.19
千葉県	白井市	17771	87198	0.20	87198	4.04	0.40	0.87	0.46
千葉県	印西市	17832	88427	0.20	88427	3.98	0.27	0.88	0.31
千葉県	栄町	8640	5676	1.52	5676	62.05	0.36	0.90	0.40
千葉県	一宮町	5770	5827	0.99	5827	38.11	0.21	0.88	0.23
千葉県	睦沢町	3469	5786	0.60	5786	38.38	0.25	0.89	0.28
千葉県	長生村	6457	5871	1.10	5871	37.82	0.40	0.90	0.44
千葉県	白子町	6908	5783	1.19	5783	38.40	0.28	0.87	0.32
千葉県	長柄町	3683	5743	0.64	5743	38.66	0.29	0.89	0.33
千葉県	長南町	4405	5750	0.77	5750	38.62	0.14	0.87	0.16
千葉県	大網白里町	20669	5742	3.60	5742	61.34	0.25	0.89	0.29
千葉県	九十九里町	10812	5647	1.91	5647	62.37	0.42	0.92	0.45
千葉県	芝山町	4426	5628	0.79	5628	62.58	0.18	0.88	0.21
千葉県	神崎町	2911	5727	0.51	5727	28.56	0.45	0.92	0.49
千葉県	多古町	9064	5701	1.59	5701	28.70	0.21	0.89	0.23
千葉県	東庄町	8243	5602	1.47	5602	29.20	0.32	0.87	0.37
千葉県	袖ヶ浦市	22851	72210	0.32	72210	1.93	0.43	0.88	0.49
千葉県	大多喜町	5585	5692	0.98	5692	39.01	0.29	0.88	0.32
千葉県	御宿町	4785	5826	0.82	5826	38.11	0.45	0.91	0.49
千葉県	南房総市	25161	78321	0.32	78321	0.95	0.26	0.87	0.30
千葉県	鋸南町	5463	5641	0.97	5641	13.15	0.23	0.89	0.26
千葉県	いすみ市	22082	86755	0.25	86755	2.56	0.41	0.91	0.44
千葉県	山武市	30117	70627	0.43	70627	4.99	0.46	0.94	0.49
千葉県	横芝光町	14519	5716	2.54	5716	61.61	0.01	0.86	0.01
東京都	千代田区	14995	70917	0.21	70917	3.73	0.27	0.84	0.32
東京都	中央区	33471	83079	0.40	83079	3.18	0.28	0.75	0.37
東京都	港区	72028	75702	0.95	75702	3.49	0.01	0.60	0.01
東京都	新宿区	124636	86667	1.44	86667	5.26	0.00	0.73	0.01
東京都	文京区	67710	110250	0.61	110250	2.40	0.08	0.69	0.11
東京都	台東区	76372	78905	0.97	78905	3.35	0.15	0.82	0.18
東京都	墨田区	99186	87862	1.13	87862	5.84	0.11	0.82	0.14
東京都	江東区	161866	88101	1.84	88101	5.82	0.12	0.62	0.19
東京都	品川区	129436	91323	1.42	91323	4.12	0.03	0.77	0.04
東京都	目黒区	97095	82779	1.17	82779	5.89	0.05	0.69	0.07
東京都	大田区	247100	87276	2.83	87276	4.31	0.00	0.67	0.01

付　　録

章		2 章			4 章				
サンプル		市区町村			二次医療圏		全サンプル		
都道府県	保険者名	2005 年度被保険者数	MES	ρ_i	MES	ρ_s	CE	TE	AE
東京都	世田谷区	306358	84186	3.64	84186	5.79	0.05	0.62	0.07
東京都	渋谷区	84070	71063	1.18	71063	6.86	0.01	0.75	0.01
東京都	中野区	127141	83354	1.53	83354	5.46	0.01	0.81	0.01
東京都	杉並区	203658	80794	2.52	80794	5.64	0.39	0.95	0.41
東京都	豊島区	107663	79281	1.36	79281	9.17	0.01	0.79	0.01
東京都	北区	149143	95422	1.56	95422	7.62	0.01	0.85	0.01
東京都	荒川区	86049	97015	0.89	97015	5.80	0.07	0.76	0.09
東京都	板橋区	207284	96260	2.15	96260	7.55	0.01	0.70	0.01
東京都	練馬区	262549	91013	2.88	91013	7.98	0.01	0.69	0.01
東京都	足立区	291102	97325	2.99	97325	5.78	0.18	0.75	0.24
東京都	葛飾区	185774	95211	1.95	95211	5.91	0.24	0.77	0.31
東京都	江戸川区	251813	84681	2.97	84681	6.06	0.13	0.63	0.21
東京都	八王子市	192638	88217	2.18	88217	5.33	0.00	0.69	0.00
東京都	立川市	64463	84654	0.76	84654	2.73	0.19	0.77	0.24
東京都	武蔵野市	48703	79284	0.61	79284	4.24	0.01	0.79	0.01
東京都	三鷹市	62979	86498	0.73	86498	3.88	0.01	0.75	0.01
東京都	青梅市	49437	94797	0.52	94797	1.58	0.24	0.80	0.30
東京都	府中市	82475	86398	0.95	86398	3.89	0.01	0.69	0.01
東京都	昭島市	41628	84849	0.49	84849	2.72	0.07	0.85	0.08
東京都	調布市	75480	89925	0.84	89925	3.73	0.01	0.78	0.01
東京都	町田市	145564	96509	1.51	96509	4.87	0.21	0.75	0.28
東京都	福生市	24695	82610	0.30	82610	1.82	0.03	0.85	0.03
東京都	羽村市	20566	88744	0.23	88744	1.69	0.23	0.86	0.26
東京都	瑞穂町	14080	5921	2.38	5921	25.35	0.01	0.85	0.01
東京都	あきる野市	30917	86203	0.36	86203	1.74	0.12	0.85	0.14
東京都	日の出町	5972	5835	1.02	5835	25.73	0.25	0.87	0.29
東京都	檜原村	1424	5959	0.24	5959	25.19	0.18	0.88	0.21
東京都	奥多摩町	3020	5759	0.52	5759	26.06	0.82	0.97	0.85
東京都	日野市	58240	86247	0.68	86247	5.45	0.01	0.81	0.01
東京都	多摩市	49047	101490	0.48	101490	4.63	0.18	0.82	0.22
東京都	稲城市	24388	80179	0.30	80179	5.86	0.01	0.80	0.01
東京都	国立市	26307	77024	0.34	77024	3.00	0.03	0.86	0.03
東京都	狛江市	29219	96608	0.30	96608	3.48	0.01	0.87	0.01
東京都	小金井市	36964	77188	0.48	77188	4.35	0.01	0.84	0.01
東京都	国分寺市	38592	88169	0.44	88169	2.62	0.01	0.82	0.01

付　録

章		2 章					4 章		
サンプル		市区町村			二次医療圏		全サンプル		
都道府県	保険者名	2005 年度被保険者数	MES	ρ_i	MES	ρ_s	CE	TE	AE
東京都	武蔵村山市	28670	88114	0.33	88114	2.62	0.01	0.84	0.01
東京都	東大和市	31115	88663	0.35	88663	2.60	0.01	0.83	0.01
東京都	東村山市	55375	85356	0.65	85356	3.09	0.01	0.87	0.01
東京都	清瀬市	29724	96543	0.31	96543	2.74	0.27	0.89	0.30
東京都	東久留米市	44898	88552	0.51	88552	2.98	0.25	0.88	0.28
東京都	西東京市	71162	83278	0.85	83278	3.17	0.01	0.86	0.01
東京都	小平市	62932	96324	0.65	96324	2.74	0.07	0.79	0.09
東京都	大島町	5321	6078	0.88	6078	2.75	0.36	0.90	0.40
東京都	新島村	2067	6170	0.34	6170	2.71	0.32	0.90	0.35
東京都	神津島村	1612	6212	0.26	6212	2.69	0.54	0.93	0.58
東京都	八丈町	6032	5803	1.04	5803	2.88	0.54	0.93	0.58
東京都	小笠原村	1266	5690	0.22	5690	2.94	0.47	0.92	0.51
神奈川県	横浜市	1174157	88512	13.27	88512	13.27	0.02	0.32	0.07
神奈川県	川崎市	440222	85053	5.18	85053	5.18	0.07	0.55	0.13
神奈川県	横須賀市	161253	94886	1.70	94886	3.09	0.01	0.84	0.01
神奈川県	平塚市	97576	86554	1.13	86554	2.48	0.11	0.81	0.14
神奈川県	鎌倉市	69865	91666	0.76	91666	3.20	0.01	0.78	0.01
神奈川県	藤沢市	139457	82257	1.70	82257	2.93	0.11	0.75	0.15
神奈川県	小田原市	76622	86180	0.89	86180	1.65	0.18	0.85	0.22
神奈川県	茅ヶ崎市	83581	92385	0.90	92385	2.61	0.22	0.77	0.29
神奈川県	逗子市	24292	93836	0.26	93836	3.13	0.25	0.87	0.29
神奈川県	相模原市	237943	85515	2.78	85515	2.94	0.01	0.71	0.01
神奈川県	三浦市	24593	82518	0.30	82518	3.56	0.27	0.88	0.30
神奈川県	秦野市	57129	77931	0.73	77931	2.75	0.01	0.82	0.01
神奈川県	厚木市	77994	75841	1.03	75841	3.93	0.01	0.93	0.01
神奈川県	大和市	82945	76828	1.08	76828	3.88	0.27	0.82	0.33
神奈川県	伊勢原市	34637	85721	0.40	85721	2.50	0.18	0.83	0.21
神奈川県	海老名市	41547	82144	0.51	82144	3.63	0.07	0.81	0.09
神奈川県	座間市	44948	84758	0.53	84758	3.52	0.32	0.91	0.35
神奈川県	南足柄市	15634	85257	0.18	85257	1.67	0.34	0.88	0.38
神奈川県	葉山町	13486	5726	2.36	5726	51.26	0.29	0.88	0.33
神奈川県	寒川町	17756	5738	3.09	5738	41.97	0.01	0.83	0.01
神奈川県	綾瀬市	31552	81726	0.39	81726	3.65	0.33	0.89	0.37
神奈川県	大磯町	13362	5690	2.35	5690	37.69	0.12	0.86	0.13
神奈川県	二宮町	11791	5849	2.02	5849	36.67	0.03	0.86	0.03

付　録

章		2 章					4 章		
サンプル		市区町村			二次医療圏		全サンプル		
都道府県	保険者名	2005年度被保険者数	MES	ρ_i	MES	ρ_s	CE	TE	AE
神奈川県	中井町	3854	5797	0.66	5797	24.57	0.39	0.91	0.43
神奈川県	大井町	6295	5777	1.09	5777	24.66	0.05	0.84	0.06
神奈川県	松田町	4941	5643	0.88	5643	25.24	0.38	0.90	0.42
神奈川県	山北町	5019	5840	0.86	5840	24.39	0.43	0.91	0.47
神奈川県	開成町	4944	5735	0.86	5735	24.84	0.25	0.88	0.28
神奈川県	箱根町	6254	6259	1.00	6259	22.76	0.71	0.93	0.76
神奈川県	真鶴町	4444	5700	0.78	5700	24.99	0.64	0.94	0.68
神奈川県	湯河原町	14428	5723	2.52	5723	24.89	0.34	0.90	0.38
神奈川県	愛川町	17778	5779	3.08	5779	51.59	0.31	0.90	0.35
神奈川県	清川村	1363	5783	0.24	5783	51.55	0.29	0.89	0.33
新潟県	新潟市	276974	92567	2.99	92567	2.99	0.07	0.84	0.08
新潟県	長岡市	93649	103068	0.91	103068	0.93	0.27	0.77	0.35
新潟県	上越市	65496	92331	0.71	92331	0.86	0.18	1.00	0.18
新潟県	三条市	36389	84379	0.43	84379	1.19	0.07	0.86	0.08
新潟県	柏崎市	33631	91815	0.37	91815	0.38	0.14	0.89	0.16
新潟県	新発田市	38352	84119	0.46	84119	0.88	0.01	0.82	0.01
新潟県	小千谷市	14226	86157	0.17	86157	0.39	0.09	0.87	0.11
新潟県	加茂市	11959	84254	0.14	84254	1.19	0.01	0.88	0.01
新潟県	見附市	14665	89669	0.16	89669	1.12	0.18	0.88	0.21
新潟県	村上市	12890	88165	0.15	88165	0.37	0.01	0.88	0.01
新潟県	糸魚川市	18828	95944	0.20	95944	0.20	0.21	0.90	0.23
新潟県	妙高市	13448	94852	0.14	94852	0.83	0.03	0.86	0.03
新潟県	五泉市	22913	83363	0.27	83363	0.36	0.07	0.84	0.08
新潟県	聖籠町	4531	5786	0.78	5786	12.74	0.20	0.88	0.23
新潟県	弥彦村	2919	5814	0.50	5814	17.25	0.16	0.88	0.18
新潟県	田上町	4646	5773	0.80	5773	17.38	0.45	0.91	0.49
新潟県	湯沢町	4598	5606	0.82	5606	5.50	0.01	0.85	0.01
新潟県	津南町	5572	5566	1.00	5566	5.68	0.18	0.87	0.21
新潟県	刈羽村	1714	5877	0.29	5877	6.01	0.16	0.88	0.18
新潟県	関川村	2825	5805	0.49	5805	5.55	0.05	0.86	0.06
新潟県	阿賀野市	18498	76653	0.24	76653	0.96	0.09	0.87	0.11
新潟県	佐渡市	30884	94651	0.33	94651	0.33	0.27	0.91	0.30
新潟県	魚沼市	17169	79332	0.22	79332	0.42	0.01	0.86	0.01
新潟県	南魚沼市	26222	75964	0.35	75964	0.41	0.01	0.87	0.01
新潟県	十日町市	26030	84897	0.31	84897	0.37	0.01	0.84	0.01

付　録

章		2 章			4 章				
サンプル		市区町村			二次医療圏		全サンプル		
都道府県	保険者名	2005 年度 被保険者数	MES	ρ_i	MES	ρ_s	CE	TE	AE
新潟県	胎内市	12358	77593	0.16	77593	0.95	0.36	0.90	0.40
新潟県	燕市	29741	83683	0.36	83683	1.20	0.01	0.86	0.01
新潟県	阿賀町	7120	5745	1.24	5745	5.23	0.09	0.86	0.11
富山県	富山市	131451	100292	1.31	100292	1.58	0.01	0.82	0.01
富山県	高岡市	62494	94540	0.66	94540	1.16	0.03	0.86	0.03
富山県	魚津市	14879	96685	0.15	96685	0.44	0.34	0.89	0.38
富山県	氷見市	18733	102628	0.18	102628	1.06	0.01	0.86	0.01
富山県	滑川市	10145	91622	0.11	91622	1.73	0.03	0.85	0.03
富山県	黒部市	13161	93911	0.14	93911	0.46	0.01	0.85	0.01
富山県	砺波市	15278	95800	0.16	95800	0.50	0.07	0.84	0.09
富山県	小矢部市	11042	93824	0.12	93824	0.51	0.05	0.84	0.06
富山県	舟橋村	537	5815	0.09	5815	27.28	0.05	0.85	0.06
富山県	上市町	7493	5625	1.33	5625	28.19	0.01	0.86	0.01
富山県	立山町	8973	5706	1.57	5706	27.80	0.01	0.85	0.01
富山県	入善町	9110	5727	1.59	5727	7.46	0.01	0.86	0.01
富山県	朝日町	5581	5582	1.00	5582	7.66	0.01	0.86	0.01
富山県	南砺市	21647	91988	0.24	91988	0.52	0.01	0.88	0.01
富山県	射水市	28024	93918	0.30	93918	1.16	0.01	0.86	0.01
石川県	金沢市	144376	86173	1.68	86173	2.54	0.01	0.74	0.01
石川県	小松市	37903	75629	0.50	75629	1.14	0.01	0.88	0.01
石川県	七尾市	23167	91173	0.25	91173	0.60	0.03	0.86	0.03
石川県	加賀市	32179	84718	0.38	84718	1.02	0.01	0.85	0.01
石川県	輪島市	17989	86635	0.21	86635	0.48	0.01	0.88	0.01
石川県	珠洲市	9169	93411	0.10	93411	0.45	0.01	0.86	0.01
石川県	羽咋市	9151	82290	0.11	82290	0.67	0.01	0.86	0.01
石川県	白山市	33278	79238	0.42	79238	2.77	0.05	0.83	0.06
石川県	能美市	14883	81858	0.18	81858	1.06	0.01	0.86	0.01
石川県	川北町	1541	5655	0.27	5655	15.30	0.01	0.85	0.01
石川県	野々市町	12724	5679	2.24	5679	38.61	0.18	0.84	0.21
石川県	津幡町	9730	5692	1.71	5692	38.52	0.07	0.86	0.08
石川県	かほく市	11151	107634	0.10	107634	2.04	0.01	0.86	0.01
石川県	内灘町	8014	5455	1.47	5455	40.20	0.11	0.85	0.13
石川県	志賀町	10145	5680	1.79	5680	9.67	0.01	0.85	0.01
石川県	宝達志水町	5179	5754	0.90	5754	9.55	0.09	0.86	0.11
石川県	中能登町	7298	5793	1.26	5793	9.48	0.01	0.86	0.01

付　　録　　　　　　　　　　155

章		2 章			4 章				
サンプル		市区町村			二次医療圏		全サンプル		
都道府県	保険者名	2005 年度被保険者数	MES	ρ_i	MES	ρ_s	CE	TE	AE
石川県	能登町	10255	5686	1.80	5686	7.38	0.01	0.86	0.01
石川県	穴水町	4580	5680	0.81	5680	7.39	0.01	0.87	0.01
福井県	敦賀市	24483	88063	0.28	88063	0.64	0.01	0.85	0.01
福井県	小浜市	12816	89310	0.14	89310	0.63	0.20	0.88	0.23
福井県	勝山市	9853	89389	0.11	89389	0.27	0.14	0.87	0.16
福井県	鯖江市	22799	80151	0.28	80151	0.83	0.16	0.85	0.19
福井県	池田町	1414	5630	0.25	5630	11.78	0.31	0.89	0.35
福井県	美浜町	4539	5860	0.77	5860	9.60	0.38	0.90	0.42
福井県	高浜町	4454	5662	0.79	5662	9.94	0.32	0.90	0.35
福井県	あわら市	11024	84735	0.13	84735	1.55	0.01	0.86	0.01
福井県	南越前町	4520	5728	0.79	5728	11.58	0.16	0.87	0.18
福井県	越前町	8579	5714	1.50	5714	11.61	0.71	0.95	0.75
福井県	若狭町	6661	5627	1.18	5627	10.00	0.01	0.85	0.01
福井県	越前市	29017	84783	0.34	84783	0.78	0.11	0.85	0.13
福井県	大野市	14030	82477	0.17	82477	0.29	0.01	0.86	0.01
福井県	福井市	84979	87849	0.97	87849	1.49	0.23	0.80	0.28
福井県	永平寺町	6409	5459	1.17	5459	24.04	0.16	0.86	0.19
福井県	おおい町	3331	5727	0.58	5727	9.83	0.29	0.88	0.33
福井県	坂井市	28838	80843	0.36	80843	1.62	0.10	0.86	0.11
山梨県	山梨市	17750	80289	0.22	80289	0.44	0.01	0.86	0.01
山梨県	甲州市	17716	78457	0.23	78457	0.45	0.42	0.92	0.46
山梨県	韮崎市	12004	75669	0.16	75669	0.47	0.01	0.85	0.01
山梨県	都留市	14085	76776	0.18	76776	0.51	0.00	0.85	0.00
山梨県	大月市	12201	84251	0.14	84251	0.47	0.20	0.88	0.23
山梨県	甲府市	82223	96274	0.85	96274	1.30	0.00	0.79	0.01
山梨県	富士吉田市	23543	73793	0.32	73793	0.60	0.18	0.86	0.21
山梨県	笛吹市	32898	72040	0.46	72040	0.46	0.20	0.84	0.23
山梨県	市川三郷町	8079	5646	1.43	5646	5.01	0.01	0.86	0.01
山梨県	富士川町						0.01	0.86	0.01
山梨県	早川町	877	6032	0.15	6032	4.69	0.00	0.86	0.01
山梨県	身延町	7882	5659	1.39	5659	5.00	0.01	0.88	0.01
山梨県	南部町	4220	5909	0.71	5909	4.79	0.01	0.86	0.01
山梨県	甲斐市	25815	70890	0.36	70890	1.76	0.01	0.86	0.01
山梨県	昭和町	6248	5818	1.07	5818	21.50	0.01	0.88	0.01
山梨県	中央市	10780	96538	0.11	96538	1.30	0.20	0.83	0.24

章		2 章			4 章				
サンプル		市区町村			二次医療圏		全サンプル		
都道府県	保険者名	2005 年度被保険者数	MES	ρ_i	MES	ρ_s	CE	TE	AE
山梨県	南アルプス市	26801	73097	0.37	73097	0.37	0.01	0.84	0.01
山梨県	北杜市	23392	74711	0.31	74711	0.47	0.07	0.86	0.08
山梨県	道志村	883	5921	0.15	5921	6.64	0.36	0.90	0.40
山梨県	西桂町	1990	5790	0.34	5790	7.59	0.43	0.91	0.47
山梨県	山中湖村	3087	5738	0.54	5738	7.66	0.25	0.88	0.28
山梨県	忍野村	3055	5851	0.52	5851	7.51	0.14	0.86	0.16
山梨県	富士河口湖町	10779	5700	1.89	5700	7.71	0.47	0.91	0.52
山梨県	鳴沢村	1501	5927	0.25	5927	7.42	0.23	0.88	0.26
山梨県	上野原市	11095	78882	0.14	78882	0.50	0.35	0.90	0.39
山梨県	小菅村	548	5772	0.09	5772	6.81	0.36	0.90	0.40
山梨県	丹波山村	501	5915	0.08	5915	6.65	0.23	0.88	0.26
長野県	長野市	129974	84502	1.54	84502	2.40	0.15	0.77	0.19
長野県	松本市	83081	89151	0.93	89151	1.80	0.12	0.79	0.16
長野県	上田市	63186	86109	0.73	86109	0.94	0.06	0.81	0.08
長野県	岡谷市	19172	88171	0.22	88171	0.87	0.36	0.92	0.39
長野県	飯田市	42159	82713	0.51	82713	0.83	0.01	0.83	0.01
長野県	諏訪市	19220	82064	0.23	82064	0.93	0.69	0.92	0.75
長野県	須坂市	20501	82473	0.25	82473	2.45	0.01	0.83	0.01
長野県	小諸市	18601	79518	0.23	79518	1.15	0.16	0.88	0.18
長野県	伊那市	27091	84334	0.32	84334	0.85	0.37	0.88	0.42
長野県	駒ヶ根市	12338	83401	0.15	83401	0.86	0.01	0.85	0.01
長野県	中野市	21102	80036	0.26	80036	0.57	0.20	0.87	0.23
長野県	大町市	12527	86080	0.15	86080	0.32	0.16	0.86	0.18
長野県	飯山市	10478	88970	0.12	88970	0.52	0.01	0.86	0.01
長野県	茅野市	19666	80179	0.25	80179	0.95	0.09	0.83	0.11
長野県	塩尻市	24890	77208	0.32	77208	2.08	0.16	0.85	0.19
長野県	千曲市	22817	91513	0.25	91513	2.21	0.01	0.86	0.01
長野県	佐久市	38937	85474	0.46	85474	1.07	0.58	0.87	0.66
長野県	佐久穂町	5724	5716	1.00	5716	15.94	0.27	0.89	0.31
長野県	小海町	2867	5663	0.51	5663	16.09	0.29	0.89	0.33
長野県	川上村	3508	5839	0.60	5839	15.61	0.14	0.87	0.16
長野県	南牧村	2340	5794	0.40	5794	15.73	0.12	0.86	0.13
長野県	南相木村	732	5848	0.13	5848	15.58	0.34	0.90	0.38
長野県	軽井沢町	8652	5683	1.52	5683	16.04	0.25	0.87	0.28
長野県	御代田町	5799	5611	1.03	5611	16.24	0.01	0.86	0.01

章		2 章					4 章		
サンプル		市区町村			二次医療圏		全サンプル		
都道府県	保険者名	2005年度 被保険者数	MES	ρ_i	MES	ρ_s	CE	TE	AE
長野県	立科町	3454	5823	0.59	5823	15.65	0.14	0.87	0.16
長野県	長和町	3349	5456	0.61	5456	14.82	0.27	0.89	0.31
長野県	東御市	12331	79182	0.16	79182	1.02	0.34	0.91	0.37
長野県	青木村	1994	5818	0.34	5818	13.90	0.21	0.88	0.23
長野県	坂城町	6194	5766	1.07	5766	35.11	0.01	0.85	0.01
長野県	下諏訪町	8837	5674	1.56	5674	13.48	0.47	0.92	0.51
長野県	富士見町	6182	5659	1.09	5659	13.52	0.01	0.85	0.01
長野県	原村	3410	5847	0.58	5847	13.08	0.03	0.86	0.03
長野県	辰野町	8961	5635	1.59	5635	12.66	0.09	0.87	0.11
長野県	箕輪町	9021	5645	1.60	5645	12.63	0.01	0.85	0.01
長野県	飯島町	4161	5758	0.72	5758	12.39	0.03	0.86	0.03
長野県	南箕輪村	4616	5720	0.81	5720	12.47	0.00	0.85	0.01
長野県	中川村	2057	5706	0.36	5706	12.50	0.05	0.86	0.06
長野県	宮田村	3066	5647	0.54	5647	12.63	0.01	0.85	0.01
長野県	木曽町	5470	5592	0.98	5592	2.52	0.40	0.92	0.44
長野県	上松町	2453	5772	0.42	5772	2.44	0.51	0.92	0.56
長野県	南木曽町	2349	5871	0.40	5871	2.40	0.43	0.91	0.47
長野県	木祖村	1362	5845	0.23	5845	2.41	0.07	0.87	0.08
長野県	王滝村	522	5768	0.09	5768	2.44	0.20	0.88	0.23
長野県	大桑村	1933	5810	0.33	5810	2.42	0.21	0.88	0.23
長野県	筑北村	2651	5700	0.47	5700	28.11	0.49	0.92	0.53
長野県	麻績村	1456	5798	0.25	5798	27.64	0.34	0.90	0.38
長野県	生坂村	1022	5856	0.17	5856	27.36	0.40	0.91	0.44
長野県	山形村	3407	5752	0.59	5752	27.86	0.49	0.92	0.54
長野県	朝日村	2032	5825	0.35	5825	27.51	0.29	0.89	0.33
長野県	安曇野市	35844	86800	0.41	86800	1.85	0.41	0.86	0.48
長野県	池田町	4132	5624	0.73	5624	4.89	0.47	0.91	0.52
長野県	松川村	3881	5740	0.68	5740	4.79	0.49	0.92	0.53
長野県	白馬村	4788	5871	0.82	5871	4.69	0.29	0.89	0.33
長野県	小谷村	2180	5788	0.38	5788	4.75	0.07	0.86	0.08
長野県	松川町	6027	5720	1.05	5720	12.07	0.27	0.89	0.31
長野県	高森町	4768	5722	0.83	5722	12.06	0.01	0.85	0.01
長野県	阿南町	2436	5635	0.43	5635	12.25	0.12	0.87	0.13
長野県	阿智村	2445	5738	0.43	5738	12.03	0.21	0.88	0.23
長野県	根羽村	509	5762	0.09	5762	11.98	0.05	0.86	0.06

章		2 章					4 章		
サンプル		市区町村			二次医療圏		全サンプル		
都道府県	保険者名	2005 年度 被保険者数	MES	ρ_i	MES	ρ_s	CE	TE	AE
長野県	下條村	1570	5758	0.27	5758	11.99	0.01	0.86	0.01
長野県	売木村	368	5901	0.06	5901	11.70	0.40	0.91	0.44
長野県	天龍村	1038	5829	0.18	5829	11.84	0.01	0.86	0.01
長野県	泰阜村	839	5867	0.14	5867	11.77	0.25	0.89	0.28
長野県	喬木村	2694	5818	0.46	5818	11.87	0.09	0.86	0.11
長野県	豊丘村	2695	5761	0.47	5761	11.98	0.01	0.86	0.01
長野県	大鹿村	873	6058	0.14	6058	11.40	0.01	0.86	0.01
長野県	小布施町	4699	5692	0.83	5692	35.56	0.01	0.85	0.01
長野県	高山村	2995	5863	0.51	5863	34.52	0.16	0.87	0.18
長野県	山ノ内町	7951	5810	1.37	5810	7.90	0.01	0.87	0.01
長野県	木島平村	2593	5796	0.45	5796	7.92	0.20	0.88	0.23
長野県	野沢温泉村	2312	5798	0.40	5798	7.91	0.40	0.91	0.44
長野県	信濃町	4682	5732	0.82	5732	35.31	0.16	0.87	0.18
長野県	飯綱町	5046	5668	0.89	5668	35.72	0.20	0.88	0.23
長野県	小川村	1585	5855	0.27	5855	34.57	0.01	0.86	0.01
長野県	栄村	1440	6012	0.24	6012	7.63	0.43	0.91	0.47
岐阜県	岐阜市	166569	94565	1.76	94565	3.26	0.14	0.74	0.19
岐阜県	大垣市	58783	89347	0.66	89347	1.61	0.01	0.85	0.01
岐阜県	高山市	38085	84197	0.45	84197	0.79	0.14	0.86	0.16
岐阜県	多治見市	39404	84969	0.46	84969	1.56	0.01	0.83	0.01
岐阜県	関市	34962	80169	0.44	80169	1.88	0.03	0.83	0.03
岐阜県	中津川市	31374	82546	0.38	82546	1.61	0.08	0.89	0.09
岐阜県	美濃市	9758	77332	0.13	77332	1.95	0.01	0.85	0.01
岐阜県	瑞浪市	14329	88899	0.16	88899	1.49	0.14	0.85	0.16
岐阜県	羽島市	25286	79234	0.32	79234	3.89	0.52	0.92	0.56
岐阜県	恵那市	22136	81510	0.27	81510	1.63	0.01	0.84	0.01
岐阜県	美濃加茂市	19298	78264	0.25	78264	1.93	0.05	0.82	0.06
岐阜県	土岐市	25313	87124	0.29	87124	1.52	0.07	0.85	0.08
岐阜県	各務原市	52486	78941	0.66	78941	3.91	0.14	0.82	0.17
岐阜県	岐南町	8499	5795	1.47	5795	53.23	0.49	0.91	0.54
岐阜県	笠松町	8773	5657	1.55	5657	54.53	0.16	0.85	0.19
岐阜県	養老町	12513	5653	2.21	5653	25.46	0.01	0.85	0.01
岐阜県	垂井町	10277	5677	1.81	5677	25.35	0.43	0.92	0.47
岐阜県	関ヶ原町	3584	5513	0.65	5513	26.10	0.20	0.88	0.23
岐阜県	神戸町	7787	5777	1.35	5777	24.91	0.01	0.85	0.01

付　録　　　　159

章		2 章					4 章		
サンプル		市区町村			二次医療圏		全サンプル		
都道府県	保険者名	2005年度 被保険者数	MES	ρ_i	MES	ρ_s	CE	TE	AE
岐阜県	輪之内町	3112	5810	0.54	5810	24.77	0.03	0.86	0.03
岐阜県	安八町	5190	5763	0.90	5763	24.97	0.29	0.88	0.33
岐阜県	揖斐川町	10492	5722	1.83	5722	25.15	0.32	0.90	0.35
岐阜県	大野町	8309	5765	1.44	5765	24.96	0.01	0.85	0.01
岐阜県	池田町	8307	5659	1.47	5659	25.43	0.21	0.89	0.23
岐阜県	北方町	6579	5802	1.13	5802	53.16	0.25	0.88	0.29
岐阜県	坂祝町	2874	5945	0.48	5945	25.36	0.20	0.88	0.23
岐阜県	富加町	2225	5815	0.38	5815	25.92	0.01	0.86	0.01
岐阜県	川辺町	4499	5693	0.79	5693	26.48	0.01	0.85	0.01
岐阜県	七宗町	2350	5843	0.40	5843	25.80	0.01	0.86	0.01
岐阜県	八百津町	5830	5789	1.01	5789	26.04	0.01	0.85	0.01
岐阜県	白川町	5518	5775	0.96	5775	26.10	0.01	0.86	0.01
岐阜県	東白川村	1494	5731	0.26	5731	26.30	0.54	0.93	0.58
岐阜県	御嵩町	7523	5729	1.31	5729	26.31	0.01	0.85	0.01
岐阜県	可児市	33674	76363	0.44	76363	1.97	0.05	0.84	0.06
岐阜県	白川村	736	5800	0.13	5800	11.48	0.43	0.91	0.47
岐阜県	山県市	12361	84946	0.15	84946	3.63	0.43	0.91	0.47
岐阜県	瑞穂市	15402	70596	0.22	70596	4.37	0.53	0.88	0.60
岐阜県	本巣市	12515	82936	0.15	82936	3.72	0.36	0.89	0.40
岐阜県	飛騨市	11767	93124	0.13	93124	0.72	0.01	0.86	0.01
岐阜県	郡上市	20737	89303	0.23	89303	1.69	0.20	0.87	0.23
岐阜県	下呂市	16008	93006	0.17	93006	0.72	0.01	0.87	0.01
岐阜県	海津市	15540	83814	0.19	83814	1.72	0.34	0.90	0.38
静岡県	静岡市	268771	87178	3.08	87178	3.08	0.03	0.75	0.04
静岡県	浜松市	289507	88938	3.26	88938	3.48	0.01	0.83	0.01
静岡県	沼津市	85463	83478	1.02	83478	3.10	0.00	0.78	0.01
静岡県	熱海市	23162	91715	0.25	91715	0.71	0.32	0.88	0.36
静岡県	三島市	42289	83544	0.51	83544	3.10	0.01	0.85	0.01
静岡県	富士宮市	46685	82649	0.56	82649	1.66	0.17	0.79	0.22
静岡県	伊東市	41975	84334	0.50	84334	0.77	0.18	0.88	0.21
静岡県	島田市	36051	90962	0.40	90962	1.98	0.01	0.88	0.01
静岡県	富士市	86834	82161	1.06	82161	1.67	0.01	0.84	0.01
静岡県	磐田市	59090	84270	0.70	84270	1.99	0.01	0.77	0.01
静岡県	焼津市	44238	90324	0.49	90324	1.99	0.01	0.85	0.01
静岡県	掛川市	40661	82533	0.49	82533	2.03	0.01	0.85	0.01

章		2 章			4 章				
サンプル		市区町村			二次医療圏		全サンプル		
都道府県	保険者名	2005 年度 被保険者数	MES	ρ_i	MES	ρ_s	CE	TE	AE
静岡県	藤枝市	46303	90908	0.51	90908	1.98	0.01	0.85	0.01
静岡県	御殿場市	28221	82329	0.34	82329	3.14	0.16	0.85	0.19
静岡県	袋井市	27637	78009	0.35	78009	2.15	0.01	0.83	0.01
静岡県	下田市	13959	90111	0.15	90111	0.48	0.22	0.89	0.25
静岡県	裾野市	16761	81616	0.21	81616	3.17	0.20	0.86	0.24
静岡県	湖西市	13933	83847	0.17	83847	3.69	0.01	0.85	0.01
静岡県	東伊豆町	8215	5741	1.43	5741	7.58	0.45	0.93	0.48
静岡県	河津町	4567	5847	0.78	5847	7.44	0.27	0.88	0.30
静岡県	南伊豆町	5802	5629	1.03	5629	7.73	0.07	0.86	0.08
静岡県	松崎町	4852	5750	0.84	5750	7.56	0.16	0.87	0.18
静岡県	西伊豆町	6102	5696	1.07	5696	7.64	0.14	0.87	0.16
静岡県	函南町	15252	5732	2.66	5732	45.11	0.01	0.85	0.01
静岡県	清水町	11791	5633	2.09	5633	45.90	0.03	0.85	0.03
静岡県	長泉町	12398	5630	2.20	5630	45.93	0.01	0.81	0.01
静岡県	小山町	7115	5648	1.26	5648	45.78	0.09	0.86	0.11
静岡県	吉田町	9881	5840	1.69	5840	30.81	0.01	0.85	0.01
静岡県	川根本町	4690	5833	0.80	5833	30.85	0.01	0.86	0.01
静岡県	森町	8278	5659	1.46	5659	29.57	0.01	0.85	0.01
静岡県	伊豆市	17452	86200	0.20	86200	3.00	0.01	0.85	0.01
静岡県	御前崎市	14638	77200	0.19	77200	2.17	0.01	0.86	0.01
静岡県	菊川市	17045	86299	0.20	86299	1.94	0.01	0.82	0.01
静岡県	伊豆の国市	21829	91995	0.24	91995	2.81	0.05	0.83	0.06
静岡県	牧之原市	22491	77587	0.29	77587	2.32	0.01	0.90	0.01
愛知県	名古屋市	793699	91088	8.71	91088	11.97	0.11	0.53	0.21
愛知県	豊橋市	127060	81448	1.56	81448	3.12	0.11	0.79	0.13
愛知県	岡崎市	114094	80925	1.41	80925	4.06	0.07	0.78	0.09
愛知県	一宮市	137853	87227	1.58	87227	2.13	0.23	0.83	0.28
愛知県	瀬戸市	42846	91721	0.47	91721	11.89	0.07	0.80	0.09
愛知県	半田市	39133	89005	0.44	89005	2.29	0.14	0.86	0.16
愛知県	春日井市	101104	80934	1.25	80934	3.03	0.01	0.78	0.01
愛知県	豊川市	46852	81993	0.57	81993	3.10	0.01	0.89	0.01
愛知県	津島市	24003	89959	0.27	89959	12.12	0.13	0.84	0.16
愛知県	碧南市	24405	84718	0.29	84718	3.88	0.01	0.81	0.01
愛知県	刈谷市	38728	83190	0.47	83190	3.95	0.09	0.80	0.12
愛知県	豊田市	114640	80684	1.42	80684	1.58	0.01	0.73	0.01

章		2 章					4 章		
サンプル		市区町村			二次医療圏		全サンプル		
都道府県	保険者名	2005年度被保険者数	MES	ρ_i	MES	ρ_s	CE	TE	AE
愛知県	安城市	50806	83402	0.61	83402	3.94	0.18	0.77	0.23
愛知県	西尾市	34912	81052	0.43	81052	4.05	0.01	0.82	0.01
愛知県	蒲郡市	31860	88393	0.36	88393	2.87	0.07	0.86	0.08
愛知県	犬山市	25296	87499	0.29	87499	2.80	0.05	0.84	0.06
愛知県	常滑市	19854	90762	0.22	90762	2.25	0.09	0.84	0.11
愛知県	江南市	34862	83889	0.42	83889	2.93	0.27	0.84	0.32
愛知県	小牧市	49621	83410	0.59	83410	2.94	0.01	0.81	0.01
愛知県	稲沢市	47929	83163	0.58	83163	2.23	0.19	0.84	0.22
愛知県	新城市	19765	87000	0.23	87000	0.30	0.01	0.87	0.01
愛知県	東海市	35153	92938	0.38	92938	2.20	0.18	0.84	0.22
愛知県	大府市	25258	89261	0.28	89261	2.29	0.01	0.81	0.01
愛知県	知多市	27781	87276	0.32	87276	2.34	0.09	0.85	0.11
愛知県	知立市	18706	86740	0.22	86740	3.79	0.01	0.84	0.01
愛知県	尾張旭市	24734	83036	0.30	83036	13.13	0.01	0.81	0.01
愛知県	高浜市	12995	79815	0.16	79815	4.12	0.14	0.85	0.16
愛知県	岩倉市	16638	78569	0.21	78569	3.12	0.01	0.86	0.01
愛知県	豊明市	21649	94966	0.23	94966	11.48	0.01	0.78	0.01
愛知県	東郷町	11478	5802	1.98	5802	187.96	0.34	0.89	0.38
愛知県	日進市	21401	80566	0.27	80566	13.54	0.01	0.81	0.01
愛知県	長久手町	11319	5588	2.03	5588	195.16	0.01	0.80	0.01
愛知県	豊山町	5535	5702	0.97	5702	191.26	0.12	0.86	0.13
愛知県	大口町	6607	5645	1.17	5645	43.47	0.01	0.85	0.01
愛知県	扶桑町	11264	5737	1.96	5737	42.77	0.07	0.85	0.08
愛知県	大治町	10297	5812	1.77	5812	187.65	0.12	0.86	0.13
愛知県	蟹江町	13066	5798	2.25	5798	188.08	0.19	0.88	0.21
愛知県	飛島村	1782	5961	0.30	5961	182.95	0.16	0.87	0.18
愛知県	弥富市						0.48	0.89	0.53
愛知県	阿久比町	8380	5734	1.46	5734	35.62	0.01	0.85	0.01
愛知県	東浦町	15746	5784	2.72	5784	35.31	0.16	0.85	0.19
愛知県	南知多町	11191	5771	1.94	5771	35.39	0.01	0.86	0.01
愛知県	美浜町	8560	5591	1.53	5591	36.53	0.27	0.89	0.31
愛知県	武豊町	13173	5781	2.28	5781	35.33	0.07	0.84	0.08
愛知県	一色町	10111	5635	1.79	5635	58.32	0.01	0.88	0.01
愛知県	吉良町	8208	5802	1.41	5802	56.64	0.09	0.86	0.11
愛知県	幡豆町	5056	5771	0.88	5771	56.94	0.01	0.86	0.01

章			2 章					4 章		
サンプル			市区町村			二次医療圏		全サンプル		
都道府県	保険者名	2005年度被保険者数	MES	ρ_i		MES	ρ_s	CE	TE	AE
愛知県	幸田町	10598	5747	1.84		5747	57.18	0.16	0.85	0.19
愛知県	みよし市							0.01	0.81	0.01
愛知県	設楽町	3215	5792	0.56		5792	4.51	0.01	0.86	0.01
愛知県	東栄町	2401	5619	0.43		5619	4.65	0.12	0.86	0.13
愛知県	豊根村	726	5882	0.12		5882	4.44	0.07	0.86	0.08
愛知県	田原市	32785	68480	0.48		68480	3.71	0.03	0.85	0.03
愛知県	愛西市	25327	85116	0.30		85116	12.81	0.11	0.84	0.13
愛知県	清須市	19819	91765	0.22		91765	11.88	0.13	0.86	0.15
愛知県	北名古屋市	28753	80000	0.36		80000	13.63	0.31	0.86	0.36
愛知県	あま市							0.35	0.86	0.41
三重県	津市	100688	91292	1.10		91292	1.80	0.03	0.81	0.03
三重県	四日市市	102832	87652	1.17		87652	3.08	0.01	0.79	0.01
三重県	伊勢市	52316	91546	0.57		91546	2.23	0.28	0.86	0.32
三重県	松阪市	64290	83444	0.77		83444	2.45	0.01	0.81	0.01
三重県	桑名市	44718	83651	0.53		83651	3.23	0.07	0.84	0.08
三重県	鈴鹿市	62762	81484	0.77		81484	3.31	0.12	0.79	0.15
三重県	名張市	26274	83225	0.32		83225	1.98	0.18	0.89	0.20
三重県	尾鷲市	10499	90459	0.12		90459	0.48	0.34	0.90	0.38
三重県	亀山市	15093	83572	0.18		83572	3.23	0.05	0.85	0.06
三重県	鳥羽市	12357	84557	0.15		84557	2.41	0.07	0.86	0.08
三重県	熊野市	11422	97597	0.12		97597	0.44	0.14	0.89	0.16
三重県	木曽岬町	2703	5859	0.46		5859	46.05	0.09	0.86	0.11
三重県	東員町	7478	5834	1.28		5834	46.25	0.14	0.86	0.16
三重県	菰野町	12885	5658	2.28		5658	47.69	0.03	0.85	0.03
三重県	朝日町	2216	5809	0.38		5809	46.45	0.03	0.85	0.03
三重県	川越町	4139	5706	0.73		5706	47.29	0.11	0.86	0.13
三重県	多気町	6193	5771	1.07		5771	35.38	0.31	0.88	0.36
三重県	明和町	8740	5746	1.52		5746	35.53	0.20	0.86	0.24
三重県	大台町	5044	5699	0.89		5699	35.83	0.20	0.88	0.23
三重県	玉城町	5306	5742	0.92		5742	35.56	0.07	0.85	0.08
三重県	度会町	3556	5867	0.61		5867	34.80	0.38	0.90	0.43
三重県	御浜町	5264	5589	0.94		5589	7.70	0.12	0.87	0.13
三重県	紀宝町	6217	5854	1.06		5854	7.35	0.27	0.89	0.31
三重県	いなべ市	15005	84611	0.18		84611	3.19	0.01	0.84	0.01
三重県	志摩市	30944	84090	0.37		84090	2.43	0.14	0.87	0.16

付　録

章		2 章					4 章		
サンプル		市区町村			二次医療圏		全サンプル		
都道府県	保険者名	2005年度被保険者数	MES	ρ_i	MES	ρ_s	CE	TE	AE
三重県	伊賀市	37723	91317	0.41	91317	1.80	0.16	0.86	0.18
三重県	大紀町	5487	5868	0.94	5868	34.79	0.32	0.90	0.35
三重県	南伊勢町	9938	5712	1.74	5712	35.74	0.42	0.92	0.46
三重県	紀北町	9638	5729	1.68	5729	7.51	0.20	0.88	0.23
滋賀県	大津市	101664	90208	1.13	90208	1.13	0.05	0.74	0.07
滋賀県	彦根市	35902	83622	0.43	83622	0.62	0.36	0.85	0.42
滋賀県	長浜市	28195	85280	0.33	85280	0.69	0.34	0.94	0.36
滋賀県	近江八幡市	22114	85948	0.26	85948	0.90	0.16	0.84	0.19
滋賀県	東近江市	38828	78015	0.50	78015	0.99	0.22	0.84	0.26
滋賀県	草津市	32579	87778	0.37	87778	0.97	0.18	0.80	0.23
滋賀県	守山市	20429	80709	0.25	80709	1.05	0.01	0.84	0.01
滋賀県	栗東市	17244	83724	0.21	83724	1.01	0.01	0.82	0.01
滋賀県	野洲市	14619	83710	0.17	83710	1.01	0.01	0.83	0.01
滋賀県	湖南市	16500	70842	0.23	70842	0.67	0.01	0.85	0.01
滋賀県	甲賀市	31272	86731	0.36	86731	0.55	0.09	0.85	0.11
滋賀県	日野町	8241	5700	1.45	5700	13.52	0.18	0.88	0.21
滋賀県	竜王町	3638	5858	0.62	5858	13.15	0.09	0.86	0.11
滋賀県	愛荘町	6743	5789	1.16	5789	8.97	0.58	0.93	0.63
滋賀県	豊郷町	2914	5495	0.53	5495	9.45	0.47	0.91	0.51
滋賀県	甲良町	3354	5679	0.59	5679	9.15	0.25	0.89	0.28
滋賀県	多賀町	3028	5852	0.52	5852	8.88	0.38	0.91	0.42
滋賀県	米原市	14774	89552	0.16	89552	0.65	0.01	0.85	0.01
滋賀県	高島市	21336	95751	0.22	95751	0.22	0.18	0.88	0.20
京都府	京都市	493972	86376	5.72	86376	6.26	0.25	0.74	0.33
京都府	福知山市	30479	82862	0.37	82862	0.99	0.19	0.88	0.21
京都府	舞鶴市	34711	90610	0.38	90610	0.90	0.14	0.89	0.15
京都府	綾部市	16532	87515	0.19	87515	0.93	0.05	0.86	0.06
京都府	宇治市	60478	86459	0.70	86459	1.68	0.05	0.80	0.06
京都府	宮津市	10798	81768	0.13	81768	0.67	0.29	0.89	0.33
京都府	亀岡市	31100	77623	0.40	77623	0.70	0.01	0.84	0.01
京都府	城陽市	27870	77181	0.36	77181	1.88	0.09	0.86	0.11
京都府	向日市	17427	86370	0.20	86370	6.26	0.25	0.87	0.28
京都府	長岡京市	23922	86283	0.28	86283	6.26	0.23	0.86	0.26
京都府	大山崎町	5242	5815	0.90	5815	92.96	0.09	0.87	0.11
京都府	久御山町	6547	5699	1.15	5699	25.48	0.01	0.85	0.01

章		2 章			4 章				
サンプル		市区町村			二次医療圏		全サンプル		
都道府県	保険者名	2005年度被保険者数	MES	ρ_i	MES	ρ_s	CE	TE	AE
京都府	八幡市	25928	83303	0.31	83303	1.74	0.05	0.81	0.06
京都府	京田辺市	17324	81056	0.21	81056	1.79	0.01	0.83	0.01
京都府	井手町	3466	5765	0.60	5765	25.19	0.05	0.87	0.06
京都府	宇治田原町	3588	5768	0.62	5768	25.17	0.07	0.86	0.08
京都府	笠置町	890	5843	0.15	5843	5.65	0.01	0.86	0.01
京都府	和束町	2731	5720	0.48	5720	5.77	0.01	0.86	0.01
京都府	精華町	9022	5690	1.59	5690	5.80	0.01	0.84	0.01
京都府	南山城村	1730	5801	0.30	5801	5.69	0.01	0.86	0.01
京都府	伊根町	1419	5765	0.25	5765	9.56	0.43	0.91	0.47
京都府	京丹波町	8075	5641	1.43	5641	9.61	0.41	0.91	0.45
京都府	与謝野町	12383	5604	2.21	5604	9.83	0.12	0.87	0.13
京都府	京丹後市	30499	79354	0.38	79354	0.69	0.23	0.87	0.26
京都府	南丹市	15046	87806	0.17	87806	0.62	0.15	0.89	0.17
京都府	木津川市						0.01	0.81	0.01
大阪府	大阪市	1095477	82261	13.32	82261	13.32	1.00	1.00	1.00
大阪府	堺市	312901	84941	3.68	84941	3.68	0.01	0.79	0.01
大阪府	岸和田市	77049	83566	0.92	83566	4.00	0.01	0.84	0.01
大阪府	豊中市	143190	83495	1.71	83495	4.18	0.12	0.67	0.18
大阪府	池田市	35806	85492	0.42	85492	4.08	0.25	0.88	0.29
大阪府	吹田市	113289	103552	1.09	103552	3.37	0.23	0.82	0.28
大阪府	泉大津市	27413	83432	0.33	83432	4.01	0.03	0.82	0.03
大阪府	高槻市	121682	97869	1.24	97869	2.54	0.01	0.73	0.01
大阪府	貝塚市	31175	87442	0.36	87442	3.83	0.18	0.84	0.21
大阪府	守口市	61776	87800	0.70	87800	4.96	0.01	1.00	0.01
大阪府	枚方市	130427	88234	1.48	88234	4.94	0.16	0.66	0.24
大阪府	茨木市	85424	82282	1.04	82282	3.02	0.03	0.78	0.04
大阪府	八尾市	107218	80938	1.32	80938	4.13	0.16	0.84	0.19
大阪府	泉佐野市	36543	83173	0.44	83173	4.02	0.32	0.89	0.35
大阪府	富田林市	43352	86435	0.50	86435	2.80	0.01	0.84	0.01
大阪府	寝屋川市	93462	85036	1.10	85036	5.12	0.18	0.86	0.21
大阪府	河内長野市	40258	89839	0.45	89839	2.69	0.18	0.85	0.21
大阪府	松原市	53384	82830	0.64	82830	2.92	0.05	0.85	0.06
大阪府	大東市	48328	80607	0.60	80607	5.41	0.59	0.88	0.67
大阪府	和泉市	58887	83257	0.71	83257	4.02	0.12	0.78	0.15
大阪府	箕面市	43618	78796	0.55	78796	4.43	0.01	0.78	0.01

付　録

章		2章					4章		
サンプル		市区町村			二次医療圏		全サンプル		
都道府県	保険者名	2005年度被保険者数	MES	ρ_i	MES	ρ_s	CE	TE	AE
大阪府	柏原市	27901	78286	0.36	78286	4.27	0.07	0.84	0.08
大阪府	羽曳野市	46353	82932	0.56	82932	2.92	0.01	0.84	0.01
大阪府	門真市	57609	78896	0.73	78896	5.52	0.24	0.82	0.29
大阪府	摂津市	32602	73090	0.45	73090	3.40	0.03	0.85	0.03
大阪府	高石市	22843	83564	0.27	83564	4.00	0.14	0.86	0.17
大阪府	藤井寺市	25144	84687	0.30	84687	2.86	0.01	0.85	0.01
大阪府	東大阪市	198837	86186	2.31	86186	3.87	0.23	0.85	0.27
大阪府	泉南市	26792	76955	0.35	76955	4.35	0.01	0.84	0.01
大阪府	四條畷市	19945	76784	0.26	76784	5.68	0.30	0.90	0.33
大阪府	交野市	24209	88049	0.27	88049	4.95	0.29	0.88	0.33
大阪府	島本町	9070	5678	1.60	5678	43.82	0.01	0.84	0.01
大阪府	豊能町	7912	5964	1.33	5964	58.55	0.01	0.86	0.01
大阪府	能勢町	5373	5909	0.91	5909	59.10	0.01	0.86	0.01
大阪府	忠岡町	7251	5714	1.27	5714	58.55	0.18	0.91	0.20
大阪府	熊取町	14014	5697	2.46	5697	58.72	0.27	0.83	0.33
大阪府	田尻町	2844	5621	0.51	5621	59.52	0.14	0.90	0.15
大阪府	阪南市	21529	56126	0.38	56126	5.96	0.22	0.81	0.27
大阪府	岬町	8231	5797	1.42	5797	57.71	0.05	0.86	0.06
大阪府	太子町	4998	5888	0.85	5888	41.10	0.01	0.86	0.01
大阪府	河南町	6228	5822	1.07	5822	41.57	0.03	0.84	0.03
大阪府	千早赤阪村	2567	5888	0.44	5888	41.11	0.01	0.86	0.01
大阪府	大阪狭山市	19743	107046	0.18	107046	2.26	0.01	0.78	0.01
兵庫県	神戸市	541014	94124	5.75	94124	5.75	0.01	0.54	0.01
兵庫県	姫路市	195045	84840	2.30	84840	3.29	0.12	0.85	0.14
兵庫県	尼崎市	184907	85458	2.16	85458	6.95	0.05	0.76	0.06
兵庫県	明石市	96095	89779	1.07	89779	2.70	0.07	0.79	0.09
兵庫県	西宮市	142633	88147	1.62	88147	6.74	0.15	0.67	0.23
兵庫県	洲本市	22093	88077	0.25	88077	0.83	0.10	0.87	0.11
兵庫県	芦屋市	31489	82547	0.38	82547	7.20	0.09	0.78	0.12
兵庫県	伊丹市	68769	83022	0.83	83022	7.15	0.03	0.82	0.03
兵庫県	相生市	12963	87805	0.15	87805	0.43	0.42	0.90	0.47
兵庫県	加古川市	90441	88347	1.02	88347	2.75	0.09	0.75	0.12
兵庫県	赤穂市	18290	95143	0.19	95143	0.40	0.01	0.84	0.01
兵庫県	西脇市	19093	84207	0.23	84207	1.30	0.01	0.86	0.01
兵庫県	宝塚市	75011	84076	0.89	84076	7.07	0.24	0.83	0.29

章		2章					4章		
サンプル		市区町村			二次医療圏		全サンプル		
都道府県	保険者名	2005年度被保険者数	MES	ρ_i	MES	ρ_s	CE	TE	AE
兵庫県	三木市	31221	86533	0.36	86533	1.26	0.17	0.90	0.19
兵庫県	高砂市	33776	85800	0.39	85800	2.83	0.01	0.85	0.01
兵庫県	川西市	55811	92142	0.61	92142	6.45	0.05	0.84	0.06
兵庫県	小野市	17649	85155	0.21	85155	1.28	0.21	0.90	0.24
兵庫県	三田市	26943	86395	0.31	86395	6.88	0.12	0.85	0.14
兵庫県	加西市	18004	84892	0.21	84892	1.29	0.07	0.85	0.08
兵庫県	猪名川町	8457	5812	1.45	5812	102.20	0.01	0.85	0.01
兵庫県	加東市	13319	81384	0.16	81384	1.34	0.44	0.90	0.49
兵庫県	多可町	9838	5715	1.72	5715	19.09	0.19	0.89	0.21
兵庫県	稲美町	10587	5645	1.88	5645	42.98	0.16	0.87	0.19
兵庫県	播磨町	11732	5794	2.02	5794	41.88	0.32	0.90	0.35
兵庫県	市川町	5647	5825	0.97	5825	47.91	0.14	0.86	0.16
兵庫県	福崎町	6885	5700	1.21	5700	48.96	0.05	0.85	0.06
兵庫県	神河町	4972	5680	0.88	5680	49.14	0.47	0.92	0.52
兵庫県	太子町	10284	5746	1.79	5746	48.57	0.07	0.86	0.08
兵庫県	たつの市	29581	80834	0.37	80834	3.45	0.01	0.85	0.01
兵庫県	上郡町	6547	5730	1.14	5730	6.60	0.01	0.86	0.01
兵庫県	佐用町	8555	5677	1.51	5677	49.16	0.32	0.90	0.35
兵庫県	宍粟市	18129	84111	0.22	84111	3.32	0.14	0.87	0.16
兵庫県	香美町	9780	5719	1.71	5719	8.30	0.09	0.88	0.11
兵庫県	新温泉町	7303	5714	1.28	5714	5.69	0.16	0.88	0.18
兵庫県	養父市	11973	94553	0.13	94553	0.34	0.12	0.87	0.13
兵庫県	朝来市	13243	89222	0.15	89222	0.36	0.01	0.86	0.01
兵庫県	丹波市	27584	85452	0.32	85452	0.52	0.16	0.89	0.18
兵庫県	篠山市	16909	94936	0.18	94936	0.47	0.05	0.86	0.06
兵庫県	淡路市	25267	83412	0.30	83412	0.88	0.01	0.86	0.01
兵庫県	南あわじ市	25750	86890	0.30	86890	0.84	0.12	0.86	0.13
兵庫県	豊岡市	37681	92528	0.41	92528	0.51	0.01	0.85	0.01
奈良県	奈良市	122408	82807	1.48	82807	2.95	0.30	0.81	0.38
奈良県	大和高田市	27688	78146	0.35	78146	2.83	0.01	0.85	0.01
奈良県	大和郡山市	32965	82504	0.40	82504	2.96	0.09	0.83	0.11
奈良県	天理市	24912	87609	0.28	87609	2.79	0.19	0.87	0.22
奈良県	橿原市	44421	92209	0.48	92209	2.40	0.01	0.79	0.01
奈良県	桜井市	24705	79979	0.31	79979	2.77	0.19	0.89	0.21
奈良県	五條市	16988	77313	0.22	77313	0.54	0.12	0.89	0.14

付　録

章		2 章			4 章				
サンプル		市区町村			二次医療圏		全サンプル		
都道府県	保険者名	2005年度被保険者数	MES	ρ_i	MES	ρ_s	CE	TE	AE
奈良県	御所市	13953	85522	0.16	85522	2.59	0.62	0.94	0.66
奈良県	生駒市	33069	84293	0.39	84293	2.90	0.09	0.80	0.12
奈良県	山添村	1882	5878	0.32	5878	41.52	0.01	0.86	0.01
奈良県	平群町	7710	5861	1.32	5861	41.64	0.01	0.84	0.01
奈良県	三郷町	8037	5589	1.44	5589	43.67	0.07	0.84	0.08
奈良県	斑鳩町	10158	5876	1.73	5876	41.54	0.01	0.85	0.01
奈良県	安堵町	2929	5839	0.50	5839	41.80	0.25	0.88	0.28
奈良県	川西町	3419	5781	0.59	5781	38.26	0.29	0.89	0.33
奈良県	三宅町	3095	5791	0.53	5791	38.19	0.20	0.88	0.23
奈良県	田原本町	11905	5676	2.10	5676	38.97	0.25	0.90	0.27
奈良県	曽爾村	1114	5790	0.19	5790	38.20	0.23	0.88	0.26
奈良県	御杖村	1321	5837	0.23	5837	37.89	0.25	0.89	0.28
奈良県	高取町	3138	5743	0.55	5743	38.51	0.52	0.92	0.56
奈良県	明日香村	2540	5764	0.44	5764	38.37	0.34	0.90	0.38
奈良県	香芝市	21791	70880	0.31	70880	3.12	0.07	0.81	0.09
奈良県	上牧町	7865	5671	1.39	5671	39.00	0.01	0.85	0.01
奈良県	王寺町	7772	5738	1.35	5738	38.55	0.01	0.84	0.01
奈良県	広陵町	10486	5830	1.80	5830	37.94	0.07	0.86	0.08
奈良県	河合町	6945	5841	1.19	5841	37.87	0.30	0.90	0.33
奈良県	吉野町	5254	5712	0.92	5712	7.37	0.14	0.88	0.16
奈良県	大淀町	7933	5673	1.40	5673	7.42	0.27	0.88	0.31
奈良県	下市町	3585	5769	0.62	5769	7.30	0.14	0.87	0.16
奈良県	黒滝村	516	5882	0.09	5882	7.16	0.58	0.93	0.62
奈良県	天川村	1199	5923	0.20	5923	7.11	0.23	0.88	0.26
奈良県	十津川村	2515	5862	0.43	5862	7.18	0.74	0.96	0.77
奈良県	下北山村	679	5841	0.12	5841	7.21	0.36	0.90	0.40
奈良県	川上村	1244	6175	0.20	6175	6.82	0.47	0.92	0.51
奈良県	東吉野村	1516	6014	0.25	6014	7.00	0.18	0.87	0.21
奈良県	葛城市	13420	77922	0.17	77922	2.84	0.35	0.89	0.40
奈良県	宇陀市	15609	81604	0.19	81604	2.71	0.38	0.90	0.42
和歌山県	和歌山市	148082	91035	1.63	91035	1.98	0.23	0.95	0.24
和歌山県	海南市	26399	88461	0.30	88461	2.04	0.16	0.87	0.18
和歌山県	橋本市	25752	76197	0.34	76197	0.54	0.01	0.85	0.01
和歌山県	有田市	16533	80293	0.21	80293	0.55	0.20	0.87	0.23
和歌山県	御坊市外三ケ町組合	24119	78745	0.31	78745	0.46	0.03	0.86	0.03

章		2 章			4 章				
サンプル		市区町村			二次医療圏		全サンプル		
都道府県	保険者名	2005 年度 被保険者数	MES	ρ_i	MES	ρ_s	CE	TE	AE
和歌山県	田辺市	45582	81727	0.56	81727	0.96	0.03	0.83	0.03
和歌山県	新宮市	16954	91037	0.19	91037	0.48	0.10	0.87	0.11
和歌山県	紀美野町	5781	5710	1.01	5710	31.57	0.01	0.87	0.01
和歌山県	紀の川市	29475	78978	0.37	78978	0.37	0.01	1.00	0.01
和歌山県	岩出市						0.14	0.86	0.16
和歌山県	かつらぎ町	10189	5669	1.80	5669	7.23	0.01	0.87	0.01
和歌山県	九度山町	2830	5737	0.49	5737	7.15	0.01	0.85	0.01
和歌山県	高野町	2231	5698	0.39	5698	7.20	0.14	0.87	0.16
和歌山県	湯浅町	7879	5700	1.38	5700	7.81	0.05	0.86	0.06
和歌山県	広川町	4480	5806	0.77	5806	7.67	0.07	0.87	0.08
和歌山県	有田川町	15626	5650	2.77	5650	7.88	0.01	0.88	0.01
和歌山県	由良町	3687	5807	0.63	5807	6.17	0.20	0.88	0.23
和歌山県	日高川町	2428	5857	0.41	5857	6.12	0.07	0.86	0.08
和歌山県	みなべ町	9095	5759	1.58	5759	13.57	0.05	0.86	0.06
和歌山県	印南町	5603	5806	0.97	5806	6.17	0.38	0.91	0.42
和歌山県	白浜町	12883	5699	2.26	5699	13.71	0.49	0.92	0.54
和歌山県	上富田町	7180	5692	1.26	5692	13.73	0.29	0.89	0.33
和歌山県	すさみ町	3396	5781	0.59	5781	13.52	0.40	0.91	0.44
和歌山県	串本町	11990	5746	2.09	5746	7.67	0.01	0.87	0.01
和歌山県	那智勝浦町	10578	5679	1.86	5679	7.76	0.12	0.87	0.13
和歌山県	太地町	2083	5833	0.36	5833	7.55	0.01	0.86	0.01
和歌山県	古座川町	2126	5890	0.36	5890	7.48	0.45	0.91	0.49
和歌山県	北山村	318	5815	0.05	5815	7.58	0.16	0.88	0.18
鳥取県	鳥取市	68200	88980	0.77	88980	0.97	0.01	0.86	0.01
鳥取県	米子市	53028	92675	0.57	92675	0.98	0.01	0.86	0.01
鳥取県	倉吉市	21122	84798	0.25	84798	0.56	0.01	0.85	0.01
鳥取県	境港市	12671	92204	0.14	92204	0.98	0.14	0.86	0.16
鳥取県	岩美町	5247	5590	0.94	5590	15.49	0.16	0.88	0.18
鳥取県	八頭町	7413	5797	1.28	5797	14.93	0.01	0.85	0.01
鳥取県	若桜町	2074	5719	0.36	5719	15.14	0.29	0.89	0.33
鳥取県	智頭町	3648	5568	0.66	5568	15.55	0.12	0.87	0.13
鳥取県	湯梨浜町	6967	5808	1.20	5808	8.18	0.29	0.90	0.33
鳥取県	三朝町	3057	5589	0.55	5589	8.50	0.12	0.86	0.13
鳥取県	北栄町	7296	5677	1.29	5677	8.37	0.14	0.89	0.16
鳥取県	琴浦町	9091	5826	1.56	5826	8.16	0.01	0.86	0.01

付　　録

章		2 章			4 章				
サンプル		市区町村			二次医療圏		全サンプル		
都道府県	保険者名	2005年度 被保険者数	MES	ρ_i	MES	ρ_s	CE	TE	AE
鳥取県	南部町	4514	5600	0.81	5600	16.21	0.01	0.85	0.01
鳥取県	伯耆町	4578	5736	0.80	5736	15.82	0.01	0.85	0.01
鳥取県	日吉津村	1083	5736	0.19	5736	15.82	0.20	0.88	0.23
鳥取県	大山町	8564	5758	1.49	5758	15.76	0.01	0.86	0.01
鳥取県	日南町	3215	5616	0.57	5616	16.16	0.07	0.86	0.08
鳥取県	日野町	1806	5639	0.32	5639	16.09	0.01	0.86	0.01
鳥取県	江府町	1302	5733	0.23	5733	15.83	0.38	0.91	0.42
島根県	松江市	63262	89861	0.70	89861	0.93	0.01	0.88	0.01
島根県	浜田市	23164	88656	0.26	88656	0.39	0.55	0.93	0.59
島根県	出雲市	50878	98489	0.52	98489	0.61	0.22	0.84	0.26
島根県	益田市	21153	90936	0.23	90936	0.32	0.43	0.90	0.47
島根県	大田市	17605	87274	0.20	87274	0.33	0.30	0.92	0.32
島根県	安来市	15839	96779	0.16	96779	0.86	0.01	0.84	0.01
島根県	江津市	11272	87119	0.13	87119	0.40	0.01	0.86	0.01
島根県	東出雲町	4169	5753	0.72	5753	14.47	0.03	0.86	0.03
島根県	斐川町	9067	5733	1.58	5733	10.46	0.14	0.87	0.16
島根県	川本町	1896	5687	0.33	5687	5.01	0.49	0.92	0.53
島根県	津和野町	4445	5631	0.79	5631	5.15	0.20	0.88	0.23
島根県	海士町	1284	5705	0.23	5705	1.93	0.01	0.86	0.01
島根県	西ノ島町	1807	5785	0.31	5785	1.91	0.07	0.86	0.08
島根県	知夫村	478	5969	0.08	5969	1.85	0.03	0.86	0.03
島根県	雲南市	16487	92428	0.18	92428	0.27	0.01	0.87	0.01
島根県	奥出雲町	6338	5576	1.14	5576	4.55	0.01	0.86	0.01
島根県	飯南町	2526	5727	0.44	5727	4.43	0.01	0.86	0.01
島根県	美郷町	2780	5865	0.47	5865	4.86	0.03	0.86	0.03
島根県	邑南町	6211	5662	1.10	5662	5.03	0.01	0.86	0.01
島根県	吉賀町	3410	5695	0.60	5695	5.09	0.61	0.95	0.64
島根県	隠岐の島町	7452	5687	1.31	5687	1.94	0.01	0.87	0.01
岡山県	岡山市	218408	96903	2.25	96903	3.16	0.01	0.66	0.01
岡山県	倉敷市	156243	90764	1.72	90764	2.69	0.13	0.77	0.18
岡山県	津山市	36421	89761	0.41	89761	0.81	0.08	0.89	0.09
岡山県	玉野市	26384	91806	0.29	91806	3.34	0.01	0.87	0.01
岡山県	笠岡市	21993	96410	0.23	96410	2.53	0.03	0.86	0.03
岡山県	井原市	17193	88842	0.19	88842	2.75	0.01	0.84	0.01
岡山県	備前市	16347	79904	0.20	79904	3.84	0.21	0.89	0.23

章		2 章			4 章				
サンプル		市区町村			二次医療圏		全サンプル		
都道府県	保険者名	2005年度被保険者数	MES	ρ_i	MES	ρ_s	CE	TE	AE
岡山県	総社市	20976	89239	0.24	89239	2.74	0.09	0.85	0.11
岡山県	高梁市	15094	91190	0.17	91190	0.38	0.01	0.85	0.01
岡山県	新見市	13865	91745	0.15	91745	0.38	0.05	0.87	0.06
岡山県	和気町	6713	5700	1.18	5700	53.77	0.01	0.87	0.01
岡山県	早島町	3922	5614	0.70	5614	43.49	0.09	0.86	0.11
岡山県	里庄町	3701	5711	0.65	5711	42.75	0.01	0.86	0.01
岡山県	矢掛町	6094	5586	1.09	5586	43.71	0.01	0.86	0.01
岡山県	新庄村	508	5738	0.09	5738	3.56	0.01	0.86	0.01
岡山県	勝央町	4034	5704	0.71	5704	12.80	0.01	0.86	0.01
岡山県	奈義町	2504	5812	0.43	5812	12.56	0.05	0.86	0.06
岡山県	美作市	14179	86837	0.16	86837	0.84	0.01	0.86	0.01
岡山県	西粟倉村	753	5652	0.13	5652	12.91	0.05	0.86	0.06
岡山県	久米南町	2608	5801	0.45	5801	12.58	0.16	0.87	0.18
岡山県	吉備中央町	5758	5723	1.01	5723	6.07	0.01	0.86	0.01
岡山県	瀬戸内市	14719	82463	0.18	82463	3.72	0.01	0.83	0.01
岡山県	赤磐市	15888	86243	0.18	86243	3.55	0.01	0.85	0.01
岡山県	真庭市	19939	98980	0.20	98980	0.21	0.01	0.86	0.01
岡山県	鏡野町	5542	5708	0.97	5708	12.79	0.09	0.87	0.11
岡山県	美咲町	6952	5723	1.21	5723	12.75	0.01	0.86	0.01
岡山県	浅口市	14034	93825	0.15	93825	2.60	0.01	0.86	0.01
広島県	広島市	374432	88230	4.24	88230	5.01	0.01	0.58	0.01
広島県	呉市	92335	96277	0.96	96277	1.29	0.30	0.97	0.31
広島県	竹原市	12884	85708	0.15	85708	1.45	0.29	0.89	0.33
広島県	三原市	37762	92689	0.41	92689	1.16	0.03	0.89	0.03
広島県	尾道市	61827	92804	0.67	92804	1.16	0.07	0.86	0.08
広島県	福山市	156192	87271	1.79	87271	2.05	0.19	0.73	0.26
広島県	府中市	17201	93840	0.18	93840	1.91	0.14	0.89	0.16
広島県	三次市	23627	89515	0.26	89515	0.47	0.16	0.88	0.18
広島県	庄原市	18373	94704	0.19	94704	0.44	0.14	0.87	0.16
広島県	大竹市	12149	89344	0.14	89344	0.59	0.09	0.87	0.11
広島県	府中町	16409	5691	2.88	5691	77.68	0.01	0.83	0.01
広島県	海田町	9289	5759	1.61	5759	76.77	0.01	0.86	0.01
広島県	熊野町	9494	5863	1.62	5863	75.41	0.01	0.85	0.01
広島県	坂町	5163	5702	0.91	5702	77.54	0.05	0.86	0.06
広島県	江田島市	14451	104182	0.14	104182	1.20	0.33	0.90	0.37

付　　録

章		2 章					4 章		
サンプル		市区町村			二次医療圏		全サンプル		
都道府県	保険者名	2005年度 被保険者数	MES	ρ_i	MES	ρ_s	CE	TE	AE
広島県	廿日市市	40613	88145	0.46	88145	0.60	0.14	0.84	0.16
広島県	安芸太田町	4132	5586	0.74	5586	79.15	0.16	0.88	0.18
広島県	北広島町	8997	5624	1.60	5624	78.60	0.16	0.88	0.18
広島県	安芸高田市	14179	95153	0.15	95153	4.65	0.23	0.89	0.25
広島県	東広島市	49915	85028	0.59	85028	0.59	0.12	0.83	0.14
広島県	大崎上島町	4881	5802	0.84	5802	21.47	0.51	0.92	0.56
広島県	世羅町	7794	5654	1.38	5654	18.99	0.01	0.87	0.01
広島県	神石高原町	5742	5711	1.01	5711	31.36	0.14	0.88	0.16
山口県	下関市	113496	92552	1.23	92552	1.23	0.25	0.87	0.29
山口県	宇部市	63369	96863	0.65	96863	0.98	0.11	0.83	0.13
山口県	山口市	58866	90127	0.65	90127	0.75	0.01	0.85	0.01
山口県	防府市	41961	92308	0.45	92308	0.45	0.01	0.84	0.01
山口県	下松市	19255	81663	0.24	81663	1.20	0.24	0.89	0.27
山口県	岩国市	64113	88074	0.73	88074	0.76	0.14	0.92	0.15
山口県	山陽小野田市	24255	91669	0.26	91669	1.03	0.43	0.93	0.46
山口県	光市	20785	81172	0.26	81172	1.21	0.01	0.85	0.01
山口県	柳井市	15869	88669	0.18	88669	0.49	0.25	0.89	0.28
山口県	美祢市	6957	100330	0.07	100330	0.94	0.01	0.88	0.01
山口県	周防大島町	13546	5646	2.40	5646	7.76	0.18	0.89	0.21
山口県	和木町	2432	5820	0.42	5820	11.43	0.03	0.86	0.03
山口県	上関町	2690	5930	0.45	5930	7.39	0.21	0.88	0.23
山口県	田布施町	6355	5726	1.11	5726	7.66	0.07	0.86	0.08
山口県	平生町	5376	5680	0.95	5680	7.72	0.14	0.87	0.16
山口県	阿武町	2376	5878	0.40	5878	5.04	0.12	0.87	0.13
山口県	周南市	58173	84119	0.69	84119	1.17	0.10	0.88	0.11
山口県	萩市	27233	86244	0.32	86244	0.34	0.03	0.85	0.03
山口県	長門市	18922	91646	0.21	91646	0.21	0.01	0.86	0.01
徳島県	徳島市	83189	90291	0.92	90291	1.61	0.01	0.78	0.01
徳島県	鳴門市	24058	86969	0.28	86969	1.67	0.01	0.86	0.01
徳島県	小松島市	14556	96397	0.15	96397	0.51	0.14	0.84	0.16
徳島県	阿南市	26181	87190	0.30	87190	0.56	0.37	0.90	0.41
徳島県	勝浦町	2416	5667	0.43	5667	8.62	0.38	0.91	0.42
徳島県	上勝町	1023	5839	0.18	5839	8.37	0.18	0.88	0.21
徳島県	佐那河内村	1274	5791	0.22	5791	25.10	0.07	0.86	0.08
徳島県	石井町	9115	5774	1.58	5774	25.17	0.07	0.86	0.08

章		2 章			4 章				
サンプル		市区町村			二次医療圏		全サンプル		
都道府県	保険者名	2005年度被保険者数	MES	ρ_i	MES	ρ_s	CE	TE	AE
徳島県	神山町	3364	5732	0.59	5732	25.36	0.56	0.94	0.60
徳島県	牟岐町	2823	5740	0.49	5740	2.32	0.16	0.88	0.18
徳島県	松茂町	4567	5739	0.80	5739	25.33	0.16	0.87	0.18
徳島県	北島町	5781	5697	1.01	5697	25.52	0.03	0.84	0.03
徳島県	藍住町	8768	5712	1.54	5712	25.45	0.54	0.91	0.59
徳島県	板野町	5247	5678	0.92	5678	25.60	0.10	0.86	0.11
徳島県	上板町	4613	5736	0.80	5736	6.06	0.16	0.87	0.18
徳島県	吉野川市	15876	101491	0.16	101491	0.34	0.33	0.89	0.37
徳島県	阿波市	14287	85307	0.17	85307	0.41	0.41	0.89	0.46
徳島県	美馬市	12275	94119	0.13	94119	0.18	0.23	0.89	0.26
徳島県	三好市	13430	99885	0.13	99885	0.18	0.15	0.87	0.18
徳島県	つるぎ町	5085	5654	0.90	5654	3.07	0.05	0.86	0.06
徳島県	那賀町	4681	5775	0.81	5775	8.46	0.53	0.93	0.57
徳島県	東みよし町	4591	5714	0.80	5714	3.15	0.34	0.89	0.38
徳島県	美波町	4358	5682	0.77	5682	2.34	0.23	0.88	0.26
徳島県	海陽町	6114	5756	1.06	5756	2.31	0.43	0.92	0.47
香川県	高松市	138328	85198	1.62	85198	1.76	0.08	0.74	0.11
香川県	丸亀市	37294	89999	0.41	89999	1.18	0.15	0.82	0.18
香川県	坂出市	20856	92505	0.23	92505	1.14	0.01	0.85	0.01
香川県	善通寺市	12385	90890	0.14	90890	1.16	0.07	0.87	0.08
香川県	観音寺市	26309	84238	0.31	84238	0.65	0.14	0.88	0.16
香川県	土庄町	7544	5599	1.35	5599	2.72	0.01	0.85	0.01
香川県	三木町	9792	5536	1.77	5536	27.02	0.09	0.83	0.11
香川県	直島町	1477	5699	0.26	5699	26.25	0.01	0.86	0.01
香川県	宇多津町	4734	5710	0.83	5710	18.54	0.07	0.85	0.08
香川県	琴平町	4784	5732	0.83	5732	18.47	0.25	0.91	0.28
香川県	多度津町	8822	5718	1.54	5718	18.51	0.14	0.87	0.16
香川県	さぬき市	19943	90100	0.22	90100	0.39	0.01	0.86	0.01
香川県	東かがわ市	15213	96089	0.16	96089	0.37	0.07	0.87	0.08
香川県	三豊市	28600	83994	0.34	83994	0.65	0.07	0.87	0.08
香川県	まんのう町	7881	5702	1.38	5702	18.56	0.30	0.90	0.33
香川県	小豆島町	7705	5583	1.38	5583	2.73	0.12	0.88	0.13
香川県	綾川町	9093	5537	1.64	5537	19.12	0.01	0.86	0.01
愛媛県	松山市	172069	82702	2.08	82702	2.73	0.12	0.71	0.16
愛媛県	今治市	76024	83005	0.92	83005	0.96	0.20	0.89	0.23

付　　録　　　　　　　　　　173

章		2 章					4 章		
サンプル		市区町村			二次医療圏		全サンプル		
都道府県	保険者名	2005年度被保険者数	MES	ρ_i	MES	ρ_s	CE	TE	AE
愛媛県	宇和島市	49863	76248	0.65	76248	0.97	0.11	0.86	0.13
愛媛県	八幡浜市	20640	85539	0.24	85539	0.98	0.01	0.84	0.01
愛媛県	新居浜市	45590	93496	0.49	93496	0.98	0.09	0.88	0.11
愛媛県	西条市	45593	84631	0.54	84631	1.08	0.40	0.90	0.44
愛媛県	大洲市	22710	85793	0.26	85793	0.98	0.18	0.86	0.21
愛媛県	四国中央市	33428	84885	0.39	84885	0.39	0.30	0.92	0.33
愛媛県	伊予市	16186	86866	0.19	86866	2.60	0.09	0.84	0.11
愛媛県	上島町	4024	5841	0.69	5841	13.70	0.32	0.90	0.35
愛媛県	東温市	11880	112802	0.11	112802	2.00	0.05	0.84	0.06
愛媛県	久万高原町	6134	5768	1.06	5768	39.11	0.09	0.87	0.11
愛媛県	松前町	10983	5714	1.92	5714	39.48	0.20	0.86	0.24
愛媛県	砥部町	8353	5717	1.46	5717	39.46	0.23	0.88	0.26
愛媛県	内子町	9712	5731	1.69	5731	14.61	0.01	0.87	0.01
愛媛県	伊方町	7271	5791	1.26	5791	14.46	0.20	0.87	0.23
愛媛県	西予市	23419	82137	0.29	82137	1.02	0.01	0.86	0.01
愛媛県	鬼北町	6309	5670	1.11	5670	13.01	0.16	0.87	0.18
愛媛県	松野町	2385	5866	0.41	5866	12.57	0.20	0.88	0.23
愛媛県	愛南町	15199	5717	2.66	5717	12.90	0.20	0.89	0.23
高知県	高知市	113515	96896	1.17	96896	2.10	0.10	0.83	0.13
高知県	室戸市	9528	83578	0.11	83578	0.39	0.44	0.92	0.47
高知県	安芸市	11382	90374	0.13	90374	0.36	0.12	0.87	0.14
高知県	南国市	19308	101015	0.19	101015	2.01	0.14	0.85	0.16
高知県	土佐市	14269	81763	0.17	81763	2.49	0.03	0.87	0.03
高知県	須崎市	12583	81004	0.16	81004	0.42	0.22	0.90	0.25
高知県	四万十市	16930	85353	0.20	85353	0.61	0.37	0.93	0.40
高知県	土佐清水市	10004	87011	0.11	87011	0.59	0.01	0.87	0.01
高知県	宿毛市	12277	86901	0.14	86901	0.60	0.12	0.86	0.13
高知県	東洋町	2214	5834	0.38	5834	5.59	0.54	0.93	0.58
高知県	奈半利町	2000	5729	0.35	5729	5.69	0.07	0.86	0.08
高知県	田野町	1736	5691	0.31	5691	5.73	0.34	0.90	0.38
高知県	安田町	2003	5865	0.34	5865	5.56	0.16	0.88	0.18
高知県	北川村	860	6097	0.14	6097	5.35	0.34	0.90	0.38
高知県	馬路村	472	5938	0.08	5938	5.49	0.20	0.88	0.23
高知県	芸西村	2409	5727	0.42	5727	5.69	0.51	0.92	0.56
高知県	香美市	14132	94349	0.15	94349	2.16	0.01	0.85	0.01

付　録

章		2 章					4 章		
サンプル		市区町村			二次医療圏		全サンプル		
都道府県	保険者名	2005 年度被保険者数	MES	ρ_i	MES	ρ_s	CE	TE	AE
高知県	香南市						0.35	0.86	0.40
高知県	大川村	275	5800	0.05	5800	35.07	0.12	0.87	0.13
高知県	土佐町	2190	5725	0.38	5725	35.53	0.34	0.90	0.38
高知県	本山町	1974	5669	0.35	5669	35.88	0.01	0.86	0.01
高知県	大豊町	3152	5838	0.54	5838	34.84	0.03	0.86	0.03
高知県	いの町	10876	5687	1.91	5687	35.77	0.36	0.89	0.41
高知県	仁淀川町	4249	5701	0.75	5701	35.68	0.01	0.86	0.01
高知県	佐川町	6384	5682	1.12	5682	35.80	0.07	0.86	0.08
高知県	越知町	3491	5681	0.61	5681	35.81	0.03	0.86	0.03
高知県	中土佐町	4330	5862	0.74	5862	5.78	0.52	0.93	0.56
高知県	四万十町	11260	5703	1.97	5703	5.94	0.33	0.92	0.36
高知県	日高村	2525	5852	0.43	5852	34.76	0.25	0.88	0.28
高知県	津野町	3550	5893	0.60	5893	5.75	0.05	0.86	0.06
高知県	檮原町	2180	5567	0.39	5567	6.09	0.05	0.86	0.06
高知県	黒潮町	7415	5678	1.31	5678	9.11	0.55	0.94	0.58
高知県	大月町	4070	5766	0.71	5766	8.97	0.31	0.90	0.35
高知県	三原村	1050	5839	0.18	5839	8.86	0.01	0.85	0.01
福岡県	北九州市	374961	91074	4.12	91074	4.74	0.12	0.82	0.15
福岡県	福岡市	450101	77671	5.79	77671	6.27	0.00	0.49	0.01
福岡県	大牟田市	55506	90505	0.61	90505	1.18	0.31	0.90	0.35
福岡県	久留米市	112963	90068	1.25	90068	1.93	0.03	0.71	0.04
福岡県	直方市	23195	90391	0.26	90391	0.44	0.34	0.89	0.39
福岡県	飯塚市	51047	85861	0.59	85861	0.90	0.15	0.81	0.19
福岡県	田川市	21091	87304	0.24	87304	0.67	0.43	0.92	0.46
福岡県	柳川市	31561	88092	0.36	88092	1.21	0.07	0.85	0.08
福岡県	嘉麻市	20426	76242	0.27	76242	1.01	0.49	0.93	0.53
福岡県	朝倉市	25477	79264	0.32	79264	0.47	0.01	0.87	0.01
福岡県	八女市	16634	78975	0.21	78975	0.74	0.23	0.92	0.25
福岡県	筑後市	17099	81225	0.21	81225	0.72	0.07	0.87	0.08
福岡県	大川市	16678	82681	0.20	82681	2.10	0.07	0.86	0.08
福岡県	行橋市	24713	91267	0.27	91267	0.79	0.01	0.83	0.01
福岡県	豊前市	11096	92417	0.12	92417	0.78	0.38	0.90	0.43
福岡県	中間市	19786	89553	0.22	89553	4.82	0.07	0.86	0.08
福岡県	小郡市	18286	93299	0.20	93299	1.86	0.12	0.84	0.14
福岡県	筑紫野市	28310	86746	0.33	86746	1.46	0.15	0.82	0.19

章		2 章					4 章		
サンプル		市区町村			二次医療圏		全サンプル		
都道府県	保険者名	2005年度被保険者数	MES	ρ_i	MES	ρ_s	CE	TE	AE
福岡県	春日市	32818	85694	0.38	85694	1.48	0.01	0.83	0.01
福岡県	大野城市	27704	79657	0.35	79657	1.59	0.01	0.80	0.01
福岡県	太宰府市	22151	80753	0.27	80753	1.57	0.40	0.87	0.46
福岡県	那珂川町	16020	5736	2.79	5736	22.14	0.01	0.85	0.01
福岡県	宇美町	11463	5672	2.02	5672	11.95	0.01	0.83	0.01
福岡県	篠栗町	9697	5589	1.74	5589	12.13	0.12	0.86	0.14
福岡県	志免町						0.00	0.79	0.01
福岡県	須恵町	8665	5697	1.52	5697	11.90	0.12	0.87	0.13
福岡県	新宮町	6580	5703	1.15	5703	11.89	0.09	0.86	0.11
福岡県	古賀市	17035	83595	0.20	83595	0.81	0.01	0.79	0.01
福岡県	久山町	2958	5705	0.52	5705	11.88	0.12	0.86	0.13
福岡県	粕屋町	11400	5652	2.02	5652	12.00	0.01	0.82	0.01
福岡県	宗像市	31592	85397	0.37	85397	0.61	0.47	0.89	0.53
福岡県	福津市	20311	94097	0.22	94097	0.55	0.40	0.88	0.46
福岡県	芦屋町	6183	5671	1.09	5671	76.18	0.20	0.88	0.23
福岡県	水巻町	12024	5617	2.14	5617	76.91	0.27	0.87	0.31
福岡県	岡垣町	11956	5703	2.10	5703	75.75	0.25	0.89	0.28
福岡県	遠賀町	7103	5721	1.24	5721	75.51	0.58	0.93	0.63
福岡県	小竹町	3887	5669	0.69	5669	6.95	0.34	0.90	0.37
福岡県	鞍手町						0.31	0.90	0.34
福岡県	宮若市	12315	83751	0.15	83751	0.47	0.01	0.87	0.01
福岡県	桂川町	5588	5747	0.97	5747	13.41	0.29	0.90	0.33
福岡県	筑前町	10304	5689	1.81	5689	6.54	0.16	0.86	0.18
福岡県	東峰村	1429	5960	0.24	5960	6.24	0.01	0.86	0.01
福岡県	糸島市						0.03	0.85	0.03
福岡県	うきは市	15205	81085	0.19	81085	2.14	0.20	0.88	0.23
福岡県	大刀洗町	5653	5682	0.99	5682	30.58	0.01	0.86	0.01
福岡県	大木町	4945	5715	0.87	5715	30.40	0.05	0.86	0.06
福岡県	広川町	7947	5611	1.42	5611	10.42	0.22	0.88	0.26
福岡県	みやま市						0.05	0.87	0.06
福岡県	香春町	5509	5708	0.97	5708	10.20	0.65	0.94	0.69
福岡県	添田町	5500	5690	0.97	5690	10.23	0.18	0.88	0.21
福岡県	福智町	9683	5608	1.73	5608	10.38	0.57	0.91	0.63
福岡県	糸田町	4243	5672	0.75	5672	10.26	0.51	0.93	0.55
福岡県	川崎町	8135	5706	1.43	5706	10.20	0.70	0.95	0.73

章		2 章			4 章			
サンプル		市区町村			二次医療圏		全サンプル	
都道府県	保険者名	2005年度被保険者数	MES	ρ_i	MES	ρ_s	CE	TE	AE
福岡県	大任町	2451	5732	0.43	5732	10.16	0.53	0.93	0.57
福岡県	赤村	1599	5908	0.27	5908	9.85	0.33	0.90	0.37
福岡県	苅田町	11608	5662	2.05	5662	12.70	0.40	0.90	0.44
福岡県	みやこ町	9579	5710	1.68	5710	12.59	0.14	0.89	0.16
福岡県	築上町	8821	5736	1.54	5736	12.53	0.34	0.91	0.38
福岡県	吉富町	2749	5673	0.48	5673	12.67	0.49	0.92	0.54
福岡県	上毛町	3330	5746	0.58	5746	12.51	0.65	0.95	0.68
佐賀県	佐賀市	71759	88447	0.81	88447	1.45	0.20	0.78	0.25
佐賀県	唐津市	57408	83766	0.69	83766	0.73	0.07	0.86	0.08
佐賀県	鳥栖市	20335	86237	0.24	86237	0.45	0.01	0.82	0.01
佐賀県	多久市	9369	89686	0.10	89686	1.43	0.18	0.87	0.21
佐賀県	伊万里市	23990	84887	0.28	84887	0.39	0.14	0.86	0.16
佐賀県	武雄市	20017	85264	0.23	85264	0.86	0.29	0.87	0.34
佐賀県	鹿島市	14369	80069	0.18	80069	0.92	0.16	0.87	0.18
佐賀県	神埼市	11663	87757	0.13	87757	1.46	0.34	0.88	0.39
佐賀県	吉野ヶ里町	4856	5573	0.87	5573	23.02	0.01	0.84	0.01
佐賀県	基山町	5589	5753	0.97	5753	6.76	0.01	0.86	0.01
佐賀県	みやき町	10323	5674	1.82	5674	6.85	0.33	0.89	0.37
佐賀県	上峰町	2631	5704	0.46	5704	6.82	0.14	0.87	0.16
佐賀県	小城市	15952	82657	0.19	82657	1.55	0.01	0.83	0.01
佐賀県	玄海町	3422	5656	0.61	5656	10.76	0.12	0.86	0.13
佐賀県	有田町	8773	5650	1.55	5650	5.80	0.07	0.84	0.09
佐賀県	大町町	3562	5677	0.63	5677	12.96	0.16	0.87	0.18
佐賀県	江北町	3690	5681	0.65	5681	12.95	0.01	0.85	0.01
佐賀県	白石町	12421	5648	2.20	5648	13.03	0.16	0.87	0.18
佐賀県	太良町	6676	5598	1.19	5598	13.14	0.01	0.86	0.01
佐賀県	嬉野市	12835	84903	0.15	84903	0.87	0.14	0.86	0.16
長崎県	長崎市	184419	88604	2.08	88604	2.53	0.01	0.99	0.01
長崎県	佐世保市	98264	88215	1.11	88215	1.11	0.21	0.91	0.24
長崎県	島原市	25437	81170	0.31	81170	1.06	0.01	0.85	0.01
長崎県	諫早市	52798	82770	0.64	82770	1.19	0.01	0.83	0.01
長崎県	大村市	29481	92207	0.32	92207	1.07	0.01	0.83	0.01
長崎県	平戸市	19323	80416	0.24	80416	0.53	0.38	0.94	0.40
長崎県	松浦市	13064	78826	0.17	78826	0.54	0.21	0.89	0.23
長崎県	長与町	12903	5679	2.27	5679	39.46	0.18	0.87	0.21

章		2 章					4 章		
サンプル		市区町村			二次医療圏		全サンプル		
都道府県	保険者名	2005年度被保険者数	MES	ρ_i	MES	ρ_s	CE	TE	AE
長崎県	時津町	9987	5715	1.75	5715	39.21	0.20	0.85	0.24
長崎県	東彼杵町	4381	5663	0.77	5663	17.41	0.01	0.86	0.01
長崎県	川棚町	5891	5591	1.05	5591	17.63	0.03	0.86	0.03
長崎県	波佐見町	6033	5666	1.06	5666	17.40	0.01	0.85	0.01
長崎県	小値賀町	2287	5671	0.40	5671	2.80	0.27	0.89	0.30
長崎県	佐々町	4891	5712	0.86	5712	7.44	0.23	0.88	0.26
長崎県	対馬市	21754	77442	0.28	77442	0.28	0.50	0.98	0.51
長崎県	壱岐市	17019	84203	0.20	84203	0.20	0.14	0.86	0.16
長崎県	五島市	25820	80640	0.32	80640	0.32	0.01	0.89	0.01
長崎県	新上五島町	13618	5744	2.37	5744	2.77	0.46	0.91	0.50
長崎県	西海市	16770	86112	0.19	86112	2.60	0.01	0.87	0.01
長崎県	雲仙市	27144	72443	0.37	72443	1.19	0.15	0.89	0.16
長崎県	南島原市	33334	68800	0.48	68800	1.25	0.01	0.91	0.01
熊本県	熊本市	242754	83204	2.92	83204	2.92	0.09	0.64	0.15
熊本県	人吉市	16676	87686	0.19	87686	0.54	0.01	0.85	0.01
熊本県	荒尾市	23890	86318	0.28	86318	0.89	0.18	0.89	0.20
熊本県	水俣市	12546	95976	0.13	95976	0.26	0.40	0.90	0.44
熊本県	宇土市	15632	88658	0.18	88658	0.71	0.20	0.88	0.23
熊本県	玉東町	2800	5794	0.48	5794	13.20	0.01	0.86	0.01
熊本県	南関町	5140	5695	0.90	5695	13.43	0.07	0.86	0.08
熊本県	長洲町	6790	5718	1.19	5718	13.38	0.10	0.88	0.11
熊本県	大津町	9810	5592	1.75	5592	10.84	0.14	0.86	0.16
熊本県	菊陽町	10137	5624	1.80	5624	10.78	0.18	0.84	0.21
熊本県	南小国町	2833	5753	0.49	5753	6.14	0.23	0.88	0.26
熊本県	小国町	5165	5608	0.92	5608	6.30	0.14	0.88	0.16
熊本県	産山村	982	5767	0.17	5767	6.13	0.07	0.86	0.08
熊本県	高森町	4049	5737	0.71	5737	6.16	0.07	0.86	0.08
熊本県	西原村	2618	5761	0.45	5761	6.13	0.32	0.89	0.35
熊本県	御船町	7897	5721	1.38	5721	7.25	0.14	0.87	0.16
熊本県	嘉島町	3323	5704	0.58	5704	7.28	0.14	0.86	0.16
熊本県	益城町	12789	5622	2.27	5622	7.38	0.01	0.84	0.01
熊本県	甲佐町	5924	5664	1.05	5664	7.33	0.12	0.86	0.13
熊本県	津奈木町	2678	5789	0.46	5789	4.38	0.12	0.86	0.13
熊本県	錦町	4951	5773	0.86	5773	8.26	0.01	0.85	0.01
熊本県	あさぎり町	8797	5765	1.53	5765	8.28	0.36	0.90	0.40

章		2 章					4 章		
サンプル		市区町村			二次医療圏		全サンプル		
都道府県	保険者名	2005 年度被保険者数	MES	ρ_i	MES	ρ_s	CE	TE	AE
熊本県	多良木町	5910	5637	1.05	5637	8.46	0.22	0.89	0.25
熊本県	湯前町	2453	5781	0.42	5781	8.25	0.20	0.88	0.23
熊本県	水上村	1395	5853	0.24	5853	8.15	0.23	0.88	0.26
熊本県	相良村	2620	5765	0.45	5765	8.27	0.16	0.88	0.18
熊本県	五木村	739	5837	0.13	5837	8.17	0.23	0.89	0.26
熊本県	山江村	1815	5711	0.32	5711	8.35	0.07	0.86	0.08
熊本県	球磨村	2351	5801	0.41	5801	8.22	0.01	0.86	0.01
熊本県	苓北町	4321	5622	0.77	5622	13.21	0.34	0.90	0.37
熊本県	上天草市	18437	76167	0.24	76167	0.97	0.01	0.86	0.01
熊本県	山鹿市	28597	78629	0.36	78629	0.54	0.03	0.86	0.03
熊本県	宇城市	29318	79886	0.37	79886	0.79	0.05	0.87	0.06
熊本県	阿蘇市	13772	82762	0.17	82762	0.43	0.20	0.87	0.23
熊本県	菊池市	23841	77917	0.31	77917	0.78	0.07	0.86	0.08
熊本県	八代市	63106	81725	0.77	81725	0.86	0.10	0.90	0.11
熊本県	玉名市	32033	81439	0.39	81439	0.94	0.10	0.91	0.12
熊本県	合志市	16840	76141	0.22	76141	0.80	0.16	0.88	0.18
熊本県	天草市	51499	78482	0.66	78482	0.95	0.01	0.86	0.01
熊本県	美里町	6432	5675	1.13	5675	11.17	0.36	0.90	0.40
熊本県	和水町	5837	5613	1.04	5613	13.63	0.36	0.90	0.40
熊本県	南阿蘇村	5922	5708	1.04	5708	6.19	0.27	0.88	0.31
熊本県	山都町	11566	5687	2.03	5687	7.30	0.01	0.87	0.01
熊本県	氷川町	7396	5693	1.30	5693	12.38	0.27	0.89	0.30
熊本県	芦北町	10138	5708	1.78	5708	4.44	0.28	0.90	0.31
大分県	大分市	136805	85347	1.60	85347	1.76	0.22	0.85	0.25
大分県	別府市	49449	89608	0.55	89608	0.82	0.29	0.88	0.33
大分県	中津市	32836	84883	0.39	84883	0.39	0.47	0.95	0.50
大分県	日田市	33485	75261	0.44	75261	0.64	0.34	0.88	0.39
大分県	佐伯市	41330	83344	0.50	83344	0.50	0.23	0.87	0.26
大分県	臼杵市	18422	85076	0.22	85076	0.33	0.09	0.86	0.11
大分県	津久見市	9264	87339	0.11	87339	0.32	0.18	0.87	0.21
大分県	竹田市	14432	88345	0.16	88345	0.16	0.05	0.88	0.06
大分県	豊後高田市	11910	93812	0.13	93812	0.40	0.16	0.88	0.18
大分県	杵築市	14557	78235	0.19	78235	0.94	0.20	0.88	0.23
大分県	宇佐市	25377	87512	0.29	87512	0.43	0.30	0.90	0.33
大分県	姫島村	1415	5617	0.25	5617	3.12	0.27	0.89	0.31

章		2 章			4 章				
サンプル		市区町村			二次医療圏		全サンプル		
都道府県	保険者名	2005年度被保険者数	MES	ρ_i	MES	ρ_s	CE	TE	AE
大分県	日出町	9473	5676	1.67	5676	12.95	0.47	0.89	0.53
大分県	九重町	6010	5699	1.05	5699	8.44	0.73	0.96	0.76
大分県	玖珠町	8599	5700	1.51	5700	8.44	0.56	0.93	0.60
大分県	豊後大野市	19056	90896	0.21	90896	0.21	0.01	0.84	0.01
大分県	由布市	13559	112359	0.12	112359	1.34	0.11	0.82	0.14
大分県	国東市	16129	85263	0.19	85263	0.21	0.05	0.90	0.06
宮崎県	宮崎市	143947	78296	1.84	78296	2.15	0.30	0.79	0.38
宮崎県	都城市	74889	82612	0.91	82612	1.02	0.10	0.87	0.11
宮崎県	延岡市	55794	90462	0.62	90462	0.78	0.14	0.86	0.17
宮崎県	日南市	20340	86685	0.23	86685	0.46	0.01	0.90	0.01
宮崎県	小林市	20878	82872	0.25	82872	0.54	0.19	0.90	0.21
宮崎県	日向市	26600	70840	0.38	70840	0.61	0.12	0.84	0.14
宮崎県	串間市	12335	86233	0.14	86233	0.46	0.01	0.86	0.01
宮崎県	西都市	19544	76600	0.26	76600	0.77	0.56	0.93	0.60
宮崎県	えびの市	12928	93209	0.14	93209	0.48	0.25	0.90	0.28
宮崎県	三股町	9240	5631	1.64	5631	14.94	0.27	0.89	0.31
宮崎県	高原町	5937	5674	1.05	5674	7.93	0.45	0.92	0.49
宮崎県	国富町	11006	5738	1.92	5738	29.36	0.14	0.87	0.16
宮崎県	綾町	4117	5713	0.72	5713	29.49	0.25	0.89	0.28
宮崎県	高鍋町	10035	5642	1.78	5642	10.39	0.10	0.87	0.11
宮崎県	新富町	8536	5718	1.49	5718	10.25	0.18	0.88	0.21
宮崎県	西米良村	778	5816	0.13	5816	10.08	0.12	0.86	0.13
宮崎県	木城町	2946	5847	0.50	5847	10.02	0.01	0.86	0.01
宮崎県	川南町	9894	5622	1.76	5622	10.42	0.12	0.87	0.13
宮崎県	都農町	6871	5645	1.22	5645	10.38	0.25	0.89	0.28
宮崎県	門川町	9067	5587	1.62	5587	7.69	0.01	0.86	0.01
宮崎県	諸塚村	1127	5674	0.20	5674	7.57	1.00	1.00	1.00
宮崎県	椎葉村	1986	5691	0.35	5691	7.55	0.36	0.90	0.40
宮崎県	高千穂町	7451	5585	1.33	5585	12.63	0.14	0.87	0.16
宮崎県	日之影町	2645	5667	0.47	5667	12.45	0.29	0.89	0.33
宮崎県	五ヶ瀬町	2456	5698	0.43	5698	12.38	0.09	0.86	0.11
宮崎県	美郷町	4171	5641	0.74	5641	7.61	0.01	0.87	0.01
鹿児島県	鹿児島市	196966	90821	2.17	90821	2.18	0.22	0.71	0.32
鹿児島県	薩摩川内市	40722	86076	0.47	86076	0.61	0.29	0.88	0.33
鹿児島県	鹿屋市	46414	81268	0.57	81268	1.02	0.22	0.90	0.24

章		2 章					4 章		
サンプル		市区町村			二次医療圏		全サンプル		
都道府県	保険者名	2005 年度 被保険者数	MES	ρ_i	MES	ρ_s	CE	TE	AE
鹿児島県	枕崎市	11615	86191	0.13	86191	0.52	0.20	0.89	0.23
鹿児島県	いちき串木野市	12900	87937	0.15	87937	0.39	0.40	0.89	0.45
鹿児島県	阿久根市	12278	113749	0.11	113749	0.40	0.18	0.88	0.21
鹿児島県	出水市	25858	83357	0.31	83357	0.54	0.01	0.86	0.01
鹿児島県	伊佐市						0.01	0.86	0.01
鹿児島県	指宿市	23569	83442	0.28	83442	0.38	0.01	0.87	0.01
鹿児島県	南さつま市	19568	79326	0.25	79326	0.57	0.30	0.90	0.34
鹿児島県	霧島市	46391	84031	0.55	84031	0.95	0.35	0.92	0.38
鹿児島県	奄美市	24141	68326	0.35	68326	1.03	0.23	0.87	0.26
鹿児島県	西之表市	9955	87027	0.11	87027	0.30	0.27	0.88	0.30
鹿児島県	垂水市	9367	93090	0.10	93090	0.89	0.16	0.87	0.18
鹿児島県	南九州市						0.22	0.88	0.25
鹿児島県	日置市	21230	87092	0.24	87092	0.39	0.17	0.89	0.19
鹿児島県	さつま町	12038	5655	2.13	5655	9.33	0.50	0.92	0.54
鹿児島県	長島町	7290	5714	1.28	5714	7.95	0.03	0.86	0.03
鹿児島県	姶良市						0.12	0.85	0.14
鹿児島県	湧水町	5574	5667	0.98	5667	14.08	0.05	0.86	0.06
鹿児島県	曽於市	21728	84965	0.26	84965	0.56	0.37	0.91	0.41
鹿児島県	志布志市	17688	83346	0.21	83346	0.57	0.05	0.89	0.06
鹿児島県	大崎町	8265	5745	1.44	5745	8.30	0.29	0.91	0.32
鹿児島県	東串良町	4571	5730	0.80	5730	14.46	0.45	0.91	0.49
鹿児島県	肝付町	10260	5705	1.80	5705	14.53	0.44	0.92	0.47
鹿児島県	錦江町	6266	5651	1.11	5651	14.67	0.25	0.89	0.28
鹿児島県	南大隅町	6003	5819	1.03	5819	14.24	0.25	0.89	0.28
鹿児島県	中種子町	5240	5732	0.91	5732	4.52	0.48	0.93	0.52
鹿児島県	南種子町	3565	5579	0.64	5579	4.64	0.52	0.93	0.56
鹿児島県	屋久島町						0.57	0.94	0.61
鹿児島県	大和村	1041	5865	0.18	5865	12.01	0.63	0.94	0.67
鹿児島県	宇検村	1184	5829	0.20	5829	12.08	0.69	0.95	0.73
鹿児島県	瀬戸内町	5917	5722	1.03	5722	12.31	0.24	0.90	0.26
鹿児島県	龍郷町	3312	5760	0.57	5760	12.23	0.60	0.94	0.64
鹿児島県	喜界町	5030	5671	0.89	5671	12.42	0.38	0.91	0.42
鹿児島県	徳之島町	7358	5666	1.30	5666	12.43	0.71	0.96	0.74
鹿児島県	天城町	4714	5709	0.83	5709	12.33	0.58	0.94	0.62
鹿児島県	伊仙町	4977	5788	0.86	5788	12.17	0.25	0.88	0.28

付　録

章		2 章					4 章		
サンプル		市区町村			二次医療圏		全サンプル		
都道府県	保険者名	2005年度被保険者数	MES	ρ_i	MES	ρ_s	CE	TE	AE
鹿児島県	和泊町	4721	5745	0.82	5745	12.26	0.05	0.86	0.06
鹿児島県	知名町	4457	5694	0.78	5694	12.37	0.51	0.92	0.56
鹿児島県	与論町	3572	5667	0.63	5667	12.43	0.36	0.90	0.40
沖縄県	那覇市	131091	70500	1.86	70500	4.09	0.01	0.77	0.01
沖縄県	うるま市	60530	70425	0.86	70425	3.18	0.20	0.84	0.24
沖縄県	沖縄市	62692	64469	0.97	64469	3.48	0.11	0.83	0.14
沖縄県	宜野湾市	39110	60539	0.65	60539	3.70	0.26	0.85	0.31
沖縄県	宮古島市						0.13	0.80	0.16
沖縄県	石垣市	23516	66202	0.36	66202	0.41	0.18	0.87	0.21
沖縄県	浦添市	43180	62866	0.69	62866	4.59	0.01	0.78	0.01
沖縄県	名護市	25805	65617	0.39	65617	0.77	0.05	0.85	0.06
沖縄県	糸満市	24486	66830	0.37	66830	4.32	0.01	0.85	0.01
沖縄県	国頭村	3038	5813	0.52	5813	8.69	0.01	0.86	0.01
沖縄県	大宜味村	2013	5870	0.34	5870	8.61	0.27	0.89	0.31
沖縄県	東村	1199	5733	0.21	5733	8.81	0.05	0.86	0.06
沖縄県	今帰仁村	5656	5754	0.98	5754	8.78	0.01	0.86	0.01
沖縄県	本部町	7500	5670	1.32	5670	8.91	0.01	0.85	0.01
沖縄県	恩納村						0.03	0.84	0.03
沖縄県	宜野座村	2553	5760	0.44	5760	38.91	0.27	0.89	0.30
沖縄県	金武町	5931	5630	1.05	5630	39.80	0.03	0.85	0.03
沖縄県	伊江村	3479	5800	0.60	5800	8.71	0.01	0.86	0.01
沖縄県	読谷村	18779	5746	3.27	5746	39.00	0.22	0.87	0.26
沖縄県	嘉手納町	7794	5621	1.39	5621	39.87	0.14	0.86	0.16
沖縄県	北谷町	11903	5663	2.10	5663	39.57	0.01	0.86	0.01
沖縄県	北中城村	7702	5686	1.35	5686	39.41	0.01	0.84	0.01
沖縄県	中城村	7096	5558	1.28	5558	40.32	0.07	0.85	0.08
沖縄県	西原町	13061	5550	2.35	5550	51.97	0.05	0.85	0.06
沖縄県	豊見城市	19918	69451	0.29	69451	4.15	0.01	0.82	0.01
沖縄県	八重瀬町	11469	5560	2.06	5560	51.87	0.01	0.85	0.01
沖縄県	与那原町	6594	5600	1.18	5600	51.50	0.21	0.87	0.24
沖縄県	南風原町	12683	5608	2.26	5608	51.42	0.20	0.80	0.25
沖縄県	久米島町	5355	5597	0.96	5597	51.53	0.00	0.85	0.01
沖縄県	渡嘉敷村	368	5725	0.06	5725	50.38	0.01	0.86	0.01
沖縄県	粟国村	493	5782	0.09	5782	49.88	0.01	0.86	0.01
沖縄県	渡名喜村	266	5781	0.05	5781	49.89	0.14	0.87	0.16

章		2 章					4 章		
サンプル		市区町村			二次医療圏		全サンプル		
都道府県	保険者名	2005 年度被保険者数	MES	ρ_i	MES	ρ_s	CE	TE	AE
沖縄県	南大東村	704	5725	0.12	5725	50.38	0.01	0.86	0.01
沖縄県	伊平屋村	840	6173	0.14	6173	8.18	0.20	0.88	0.23
沖縄県	伊是名村	987	6250	0.16	6250	8.08	0.00	0.85	0.01
沖縄県	多良間村	818	5764	0.14	5764	0.14	0.01	0.86	0.01
沖縄県	竹富町	2473	5837	0.42	5837	4.61	0.36	0.90	0.40
沖縄県	与那国町	917	5714	0.16	5714	4.71	0.03	0.86	0.03
沖縄県	南城市	17837	66142	0.27	66142	4.36	0.01	0.86	0.01

初出一覧

第 1 章　書き下ろし.

第 2 章　湯田道生（2010）「国民健康保険における被保険者の最小効率規模」,『医療経済研究』, Vol.21, No.3, 305-325 頁.

第 3 章　湯田道生（2011）「国民健康保険における保険者の統合・再編と最小効率規模」,『厚生労働科学研究費補助金 政策科学総合研究事業（政策科学推進研究事業）　社会保障給付の人的側面と社会保障財政の在り方に関する研究　平成 22 年度　総括・分担研究報告書』, 107-134 頁.

第 4 章　Yuda, Michio (2016) "Inefficiencies in the Japanese National Health Insurance System: A Stochastic Frontier Approach," *Journal of Asian Economics*, Vol.42, pp.65-77.

第 5 章　Yuda, Michio (2016) "Structural and Regional Characteristics and Cost Efficiencies in the Local Public Health Insurance System: Empirical Evidence from the Japanese National Health Insurance System," *Journal of Economics and Public Finance*, Vol.2(2), pp.262-279.

著　者

湯田道生（ゆだ　みちお）
1978年岩手県生まれ，2002年横浜国立大学経済学部卒業，2007年一橋大学大学院経済学研究科博士後期課程修了．博士（経済学）取得．
日本学術振興会特別研究員（DC2），東京大学高齢社会総合研究機構客員研究員，RAND Corporation 客員研究員，一橋大学社会科学高等研究院医療政策・経済研究センター客員研究員，中京大学経済学部専任講師などを経て，2010年より現在中京大学経済学部准教授．

専攻　医療経済学，社会保障論，応用計量経済学

主要業績　『健康政策の経済分析 レセプトデータによる評価と提言』(2016)（岩本康志・鈴木亘・両角良子と共著，東京大学出版会），"Effects of informal caregivers' health on care recipients," Japanese Economic Review (2016) (with Jinkook Lee). "Inefficiencies in the Japanese National Health Insurance System: A Stochastic Frontier Approach," Journal of Asian Economics (2016).

中京大学経済学研究叢書第 26 輯
国民健康保険財政の経済分析

2018 年 2 月 10 日　第 1 版第 1 刷発行

著　者　湯　田　道　生

発行者　井　村　寿　人

発行所　株式会社　勁　草　書　房

112-0005 東京都文京区水道 2-1-1　振替 00150-2-175253
（編集）電話 03-3815-5277／FAX 03-3814-6968
（営業）電話 03-3814-6861／FAX 03-3814-6854
大日本法令印刷・牧製本

©YUDA Michio　2018

ISBN978-4-326-54965-8　　Printed in Japan

JCOPY　＜(社)出版者著作権管理機構　委託出版物＞
本書の無断複写は著作権法上での例外を除き禁じられています。複写される場合は、そのつど事前に、(社)出版者著作権管理機構（電話 03-3513-6969, FAX 03-3513-6979, e-mail: info@jcopy.or.jp）の許諾を得てください。

＊落丁本・乱丁本はお取替いたします。

http://www.keisoshobo.co.jp

中京大学経済学研究叢書

第 1 輯	国際貿易の理論 柿元純男著	A5 判	品　切
第 2 輯	教育経済学 白井正敏著	A5 判	品　切
第 3 輯	江戸時代の経済思想 川口　浩著	A5 判	品　切
第 4 輯	景気循環の経済学 岩下有司著	A5 判	4100 円
第 5 輯	非線形計画と非線形固有値問題 中山惠子著	A5 判	品　切
第 6 輯	地方都市レスターの経済発展 渡邊文夫著	A5 判	3200 円
第 7 輯	新しい日本銀行 鐘ヶ江毅著	A5 判	品　切
第 8 輯	世代間所得移転政策と家族の行動 釜田公良著	A5 判	オンデマンド
第 9 輯	国際労働移動の経済学 近藤健児著	A5 判	品　切
第10輯	都市鉄道の次善料金形成 鈴木崇児著	A5 判	オンデマンド
第11輯	投入産出分析と最適制御の環境保全への応用 中山惠子著	A5 判	3300 円
第12輯	近世農村地域社会史の研究 阿部英樹著	A5 判	オンデマンド
第13輯	金融機関の経営と株式市場 小林　毅著	A5 判	オンデマンド
第14輯	国際貿易の理論と開発政策 梅村清英著	A5 判	品　切
第15輯	東アジア経済の連関構造の計量分析 山田光男著	A5 判	オンデマンド
第16輯	江戸時代の八事山興正寺 阿部英樹著	A5 判	オンデマンド
第17輯	環境，貿易と国際労働移動 近藤健児著	A5 判	品　切
第18輯	日本の景気循環と低利・百年国債の日銀引き受け 岩下有司著	A5 判	4400 円
第19輯	幕末・維新期の八事山興正寺 阿部英樹著	A5 判	オンデマンド
第20輯	市町村人口規模と財政 古川章好著	A5 判	オンデマンド
第21輯	イギリス住宅政策史研究一九一四～四五年 椿　建也著	A5 判	3300 円
第22輯	公私企業間競争と民営化の経済分析 都丸善央著	A5 判	3800 円
第23輯	環境問題における非金銭的インセンティブの役割 内田俊博著	A5 判	3200 円
第24輯	百年前の中京名古屋 阿部英樹著	A5 判	5000 円
第25輯	環境外部性と課税政策 平澤　誠著	A5 判	4700 円

＊表示価格は 2018 年 2 月現在．消費税は含まれておりません．